THE ART OF LAST ORIGIN

VOL.2

contents

PART

The LAST
ORIGIN
Chronicle

1

바이오로이드의 탄생과 성장

생명 공학의 '현자의 돌'이라 할 수 있는 오리진 더스트 기술의 선두 주자 삼안 산업이 인간형 생체 컴퓨터인 바이오로이드를 개발, 실용화하여 상업적으로 큰 성공을 거두면서 전 세계에서 경쟁적으로 바이오로이드 개발과 생산에 나서게 되었다.

여러 후발 업체 중에서 두각을 나타낸 것은 PMC(민간 군사 기업)인 블랙 리버였다. 블랙 리버의 'T-1 고블린'은 군사용 AGS 로봇처럼 강하지는 않았지만, 능동적인 판단을 통해 임무를 효율적으로 수행했는데, 시험 투입된 요르단 내전에서는 인간을 살상하는 일 없이 도시 게릴라를 완벽하게 제압했으며, 이 전쟁의 승리로 고블린의 위력을 증명한 블랙 리버는 거대 기업 집단으로 성장할 수 있었다.

요르단에서의 활약을 본 각국 정부는 앞다투어 고블린을 주문했다. 그 중 최대의 고객은 미국 정부였는데, 종교 테러 단체인 '언약의 수호자'가 동맹인 터키와 전쟁을 벌이자 미국은 고블린이 포함된 병력을 파견했다.

고블린의 활약은 눈부셨다. 같은 종교를 믿는 주민들, 그리고 험한 지형에 의지하던 언약의 수호자는 순식간에 제압되었고, 근거지 모술마저 함락되면서 전쟁은 터키의 승리로 끝났다. 하지만 전쟁이 끝날 무렵, 엄청난 참사가 벌어지고 말았다. 바로 '모술 대학살 사건'이었다.

바이오로이드 전투병은 원래 인간을 죽이지 않도록 설계되었다. 전장에 AGS로봇을 투입했다가 살인 기계를 사용한다는 오명을 뒤집어썼던 전례가 있던 미군의 입장에서 바이오로이드는 전투의 효율성과 전쟁 윤리의 준수라는 두 가지 토끼를 동시에 잡을 수 있는 묘안이었으나, 문제는 상대하는 적대 세력도 이를 역으로 이용하기 시작했다는 것이었다. 지속적인 욕설과 모욕을 통한 도발은 그러한 전법 가운데 하나였다.

모술의 테러리스트가 벌인 행동은 파국을 불러왔다. 거듭된 모욕에 격분한 고블린의 손에 살해당하고 만 것이었다. 인간을 살해한 충격으로 패닉에 빠진 고블린은 폭주하기 시작했고, 미군은 AGS 폴른을 투입, 이를 진압하기는 했으나, 이미 수천 명이 희생당한 뒤였다.

각국 정부와 블랙 리버는 진상 조사에 착수했으나, 뾰족한 답을 얻지는 못했다. 블랙 리버에는 다행스럽게도 미국 정부가 이 사건을 덮어 두기를 원했기 때문에 곧 유야무야되고 말았으나, 이 사건은 더 큰 사건의 불씨로 남게 되었다.

'일시적' 악재를 극복한 바이오로이드 산업은 순조롭게 성장했다. 가정용이나 군사용은 물론 일반 산업 현장까지 영역을 확대하면서 인간 노동자를 대체했고, 연예계에서도 인간과 로봇의 자리를 차지했다. 인간보다 정밀하고 근면했으며, 로봇보다 자율적이었던 바이오로이드는 엄청난 성과를 올렸다. 하지만 동시에 바이오로이드의 확산은 실업자의 양산과 극단적인 빈부 격차로 이어졌다.

새로운 시대의 그림자

세상이 불만에 찬 실직자와 무산자로 채워지기 시작하면서 위기를 느낀 기업들은 공공 서비스와 치안 강화 또는 자극적인 미디어를 통한 우민화를 통해 자신들의 뒤를 봐주던 정부의 지지율을 회복시키고자 했다. 하지만 누적된 분노는 결국 폭발하고 말았다.

2060년, 실업률이 95%를 넘어가고 98% 이상의 사람들이 생계를 정부에 의존하게 되자 시민들이 노동권을 얻기 위해 뉴올리언스에서 시위를 벌였다. 시위는 평화롭게 시작되었다. 하지만 시위 해산을 위해 투입된 병력이 하필 고블린이라는 게 문제였다. 결국 알 수 없는 이유로 고블린이 다시 폭주하여 시위대에 대한 공격으로 이어지는 참극이 발생하고 말았다.

뉴올리언스의 참사는 모술과는 성격이 달랐다. 미국 한복판, 그것도 백주 대낮에 벌어진 일이었기 때문이다. 결국 미국 정부 주도의 정식 조사로 원인이 밝혀졌다. 나노머신의 영향으로 남성 호르몬이 과다 분비, 극단적 공격성 발현으로 이어진 것이었다. 블랙 리버는 남성형 바이오로이드의 생산 중지와 기존 생산분의 회수 및 폐기, 피해자들에 대한 배상을 실시했다.

하지만 시민들의 분노는 가라앉지 않았고 일부 정치인들은 이 분노를 이용하여 자신들의 입지를 강화하고자 했는데, '에머슨 법'과 '공용 바이오로이드에 관한 법률'로 대표되는 규제 정책과 징벌적 세금 징수는 바로 정치권의 이러한 움직임이 낳은 결과물이었다.

사람들의 분노를 조장하고 거기에 편승한 중우 정치는 또 다른 분쟁의 씨앗이 되었다. 단순히 기업의 재산권 침해를 넘어, 회사의 가치 자체가 추락하고 있는 와중에 각 기업들은 현 상황을 도저히 감내할 수 없다고 보고 물밑에서 조용히 움직이기 시작했다.

1차 연합 전쟁의 발발

전쟁의 포문이 열린 것은 2070년, 말레이시아에서였다. 말레이시아의 소규모 바이오로이드 제작사 '문화 인형'은 주문 생산을 중심으로 하고 있었고, 여기에 덴세츠 사이언스로부터의 하청 주문을 일부 받고 있었기에 여기서 생산된 바이오로이드는 처음부터 주인이 정해져 있었다.

이러한 이유로 문화 인형은 '공용 바이오로이드에 관한 법률'에 따른 규제 및 재산권 침해로부터 자유로울 수 있었는데, 이 사실이 맘에 들지 않던 말레이시아 정부는 양산품 개발 압력을 넣기 시작했다. 하지만 문화 인

형에서는 속이 뻔히 들여다보이는 요구를 거부했고, 정부에서 세무 조사, 영업 정지 등의 카드를 꺼내들기 시작하자 사람들은 문화 인형이 정부에 굴복할 것이라 생각했다.

하지만 말레이시아 정부가 간과한 것이 하나 있었다. 일개 소규모 제작사로 보이는 문화 인형이었지만 실은 펙스 컨소시엄의 핵심 기업 집단 중 하나인 오메가 공업의 계열사였고, 오메가 공업은 바이오로이드 외에 군사용 AGS와 개인 화기 업계의 메이저이기도 했다. 정부의 연이은 규제로 위기를 느끼고 있던 펙스 컨소시엄에서는 제대로 본보기를 보이고자 했고, 상대적으로 약소한 말레이시아 정부는 절호의 표적이라 할 수 있었다.

2070년 6월, 마침내 사건이 터지고 말았다. 명령을 무시한 채 조업을 계속하는 문화 인형의 경영진을 체포하고 폐업을 강제 집행하기 위해 말레이시아 정부가 경찰 병력과 AGS 로봇을 출동시킨 것이었다. 그러나 펙스 컨소시엄 차원에서 이러한 사태에 대비하여 무기를 밀반입하고 소속 바이오로이드에 충분한 군사 훈련까지 시킨 결과, 문화 인형은 이들을 아주 손쉽게 제압할 수 있었다.

하지만 작은 승리에 도취된 한 간부가 휘하 바이오로이드를 동원, 인근 AGS 센터까지 접수해 버린 것으로 모자라 다른 간부에게 연락하여 충동질하자 사태는 한층 심각해졌다. 이를 본사의 지시라 생각한 각 지사에서 부랴부랴 AGS 센터를 장악해 당시 추세에 따라 군사력의 대부분을 AGS 로봇에 의존하던 말레이시아 정부를 순식간에 유명무실한 존재로 만들었기 때문이다. 그리고 그 과정에서 벌어진 전투에서 정부 요인이 사살당하는 일까지 발생하자 말레이시아 정부는 즉각 UN에 사태를 보고했다.

사태는 걷잡을 수 없는 방향으로 번졌다. 기업이 정부를 무력화시키고 기능을 장악할 수 있다는 사실에 국제 연합과 각국 정부는 경악했고, 기업이 지닌 막강한 힘을 빼앗는 결의에 만장일치로 동의했다. 후에 연합 전쟁, 그 중에서도 1차 연합 전쟁이라 불리게 된 전쟁은 이렇게 시작되었다.

1차 연합 전쟁의 경과와 그 결과

기업을 무력화하고자 하는 정부와 여기에 저항하는 기업들이 충돌하면서 곳곳에서 전투가 벌어졌다. 정부 측에서는 전투에 특화된 AGS 로봇의 압도적인 화력으로 밀어붙였고, 사람들은 정부 측이 승리할 것이라 생각했다. 하지만 많은 이들의 예상과는 다르게 전세는 어느 새인가 기업 연합군 쪽으로 기울고 있었다.

정부군의 핵심 전력인 AGS 로봇은 여러 군수 기업에서 생산되고 있었다. 이들 중에는 국영 기업이 있는가 하면 민영 기업의 여러 사업 부문 가운데 하나로, 기업 연합군에 속한 바이오로이드 제조사의 계열사인 경우도 있었다. 하지만 그럼에도 불구하고 정부 측이 승리를 자신했던 것은 AGS용 AI 기술을 정부에서 독점하고 있었기 때문이었다. 때문에 AGS 제조사는 국영 기업인 경우가 많았으며, 민영 기업이라도 국가에 종속된 구조일 수밖에 없었다. 여기에 더해 정부에서는 이 AI를 다시 위성 통신망을 통해 엄격하게 제어하고 있었다.

전쟁이 시작되자 기업 연합군 AGS 제조사에서는 정부 납품을 즉각 중지하고 거점으로 집결시킨 다음, 자체 제작한 AI를 설치했다. 급조품인 만큼 정부의 것보다는 성능이 떨어졌으나 전투 지휘관의 명령 수행에는 큰 지장이 없었고, 인간 대신 전장에 투입된 바이오로이드 지휘관의 유연한 사고와 시너지를 일으키며, 기업 연합군의 승리에 큰 기여를 했다.

지휘 계통 타격을 위해 정부군은 강력한 화력을 퍼부었지만 바이오로이드는 강화 인간 따위는 비교도 되지 않을 만큼 강인했고, 전쟁 후반에는 강력한 방호력을 갖춘 지휘관 모델 바이오로이드가 등장했다. 또한 바이오로이드 연구를 기반으로 인간 두뇌와 유사한 형태를 갖춘 AI가 탑재된 AGS 지휘기까지 등장하자 강력한 화력은 물론 저격이나 암살도 잘 통하지 않게 되었다.

하지만 정부군에 있어 전선에서의 패배보다 심각한 위협은 후방에서의 사보타주였다. 바이오로이드는 외형적으로 인간과 동일했고, 등록번호 조회 외에 강화 인간과 구분할 방법도 딱히 없었다. 교묘하게 숨어든 바이오로이드는 여러 곳에서 사보타주를 실시했으며, 전쟁 이전부터 기밀로 취급되던 첩보용 모델의 경우에는 그 존재를 아는 사람이 정부 요인들 중에서도 소수였던 데다 일부만이 알려졌기에, 자신도 모르게 정보를 누설하게 되는 일이 빈번하게 일어났다.

기업 연합군의 자본을 통한 압박, 시가전의 패배, 후방에서의 사보타주와 정보의 지속적인 누출은 정부 측을 차차 궁지로 몰아넣었고, 전쟁의 여파로 사회 안전망이 붕괴되면서 시민들도 정부에 등을 돌리기 시작했다.

리오보로스 가문의 총수이자 블랙 리버의 지배자, 앙헬 리오보로스는 역사적으로 그래 왔듯, 뒤에서 정부를 움직이는 것이 가장 유리하다고 판단했다. 그가 정부 측에 손을 내밀자, 각국 정부는 하나 둘 항복의 의사를 밝혔다. 결국 국제 연합에서 바이오로이드 제조사에 대한 그간의 제재 조치가 부당한 것이었으며, 이를 전면적으로 폐지한다는 의제가 가결되면서 전쟁은 기업 연합군의 승리로 종결되었다. 이로써 어떠한 제한도 받지 않는 금권 사회의 시대가 열리게 되었다.

철충의 등장, 그리고 새로운 분쟁의 씨앗

제1차 연합 전쟁이 한창이던 어느 날, 고비 사막 한 가운데서 기묘한 생명체가 발견되었다. 후에 철충이라 불리게 되는 이 생명체는 이제까지 인류가 본 적이 없었던 금속 생체 조직을 지니고 있었다. 실로 놀라운 발견이었다. 하지만 치열한 격전이 펼쳐지던 시기였던 만큼, 일단 삼안 산업 측에서는 이 생명체에 'Metal Parasite NW101'이라는 코드명을 붙인 채 지하에 봉인하고, 자신들의 존망이 걸린 전쟁에 집중했다.

기업 연합군의 승리로 전쟁이 종결되고, 삼안 측이 본격적으로 수수께끼의 생명체를 해부했을 때, 연구팀은 경악했다. 이 생명체에 인간의 두뇌와 유사한 형태의 전자 신경계가 완벽하게 구성되어 있었기 때문이었다. 하지만 더욱 기이한 것은 생존과 번식에 필요한 장기가 거의 전무했기에, 이것이 생물이 맞는 것인가 연구팀 사이에서 논쟁이 벌어졌다. 하지만 한 가지는 확실했다. 이것이 삼안 산업의 본래 목적을 달성하게 해 줄 열쇠가 될 수 있을 것이라는 점만은.

이 기이한 생물에 대한 논쟁이 일단 끝난 것은 옛 동맹이면서 강력한 경쟁자인 블랙 리버에서 삼안 측의 연구에 대해 감지했을 때였다. 공동 연구 제안을 거절당한 블랙 리버는 펙스 컨소시엄과 손잡고 연구소에 스파이 바이오로이드를 잠입시키려 했으나, 삼안의 보안망에 발각되고 말았다.

삼안 산업은 블랙 리버와 펙스 컨소시엄이 동맹을 맺었다는 사실과 그들이 취한 행동에 분노했다. 강력한 군사용 바이오로이드를 만들던 블랙 리버와 탄탄한 방위 산업 기반을 지닌 펙스 컨소시엄의 동맹을 중대한 위협이라 인식한 삼안 산업은 자사의 모든 역량을 집중하여 전쟁 준비를 시작했다.

원래 삼안 산업에서는 민수용 바이오로이드를 생산해 왔다. 하지만 업계 최고의 생체 공학 기술을 보유하고 있었으며, 지난 전쟁을 통해 바이오로이드의 군사적 이용에 대한 노하우도 충분히 확보한 상태였다. 또한 세계 시장 점유율 50%를 자랑하고 있던 만큼 생산력 또한 압도적이라 할 수 있었다. 여기에 더하여 삼안의 계열사인 삼안 중공업에서는 전략 무기를 생산하고 있었기에 블랙 리버와 펙스 컨소시엄이 동맹을 맺었음에도 여전히 위협적인 전력이었다.

삼안이 전쟁을 준비하자 블랙 리버와 펙스 컨소시엄의 연합 역시 군비를 증강했다. 이미 국가가 기업의 부속물 내지 하수인으로 전락한 상태에서 이 전쟁은 삼안 산업의 세력 아래 있는 유라시아와 블랙 리버와 펙스 컨소시엄 연합이 지배하는 아메리카 및 해양 세력의 전쟁이기도 했다.

제2차 연합 전쟁

기업끼리의 전쟁은 정부와 기업의 전쟁이었던 제1차 연합 전쟁보다 훨씬 격렬했다. 적어도 시민들의 눈치를 살피던 정부와 달리, 기업은 철저하게 자본의 이해에 따라 움직였기에 거칠 것이 없었기 때문이다. 기업의 하수인에 불과한 정부는 그저 쥐 죽은 듯 침묵을 지킬 뿐이었다.

사람들은 군사용 바이오로이드의 생산과 운용에 있어 제일의 노하우를 갖고 있는 블랙 리버 진영이 우세할 것이라고 생각했다. 하지만 의외로 전쟁은 백중세로 흘러 갔다. 전술 프로그램의 개량으로 나름의 노하우를 쌓으면서 삼안의 바이오로이드들도 충분한 전투력을 갖추기 시작했고, 생산력이라는 측면에서는 오히려 압도하고 있었기 때문이었다.

다만, 제해권은 펙스 컨소시엄 산하의 포세이돈 사가 생산하는 함선으로 인해 블랙 리버 진영이 쥐고 있던 터라, 결국 전쟁은 알래스카와 추코트의 경계에서 펼쳐지는 국지전으로 흘러갈 수밖에 없었다.

이 전쟁으로 시민들의 삶은 더욱 피폐해져 갔다. 이미 구조적으로 특권을 잔뜩 부여받은 제조사들과 연관이 있던 회사의 자본가들은 단물을 빨아먹으며 성장해 갔지만, 바이오로이드 없이는 어떤 것도 할 수 없도록 사회가 재편되면서 보통 사람들의 생활은 거의 유지될 수가 없었다. 게다가 기업들이 전쟁에 국가를 끌어들여 정부의 지원을 받아내자 사회 안전망과 복지는 갈수록 축소되어 갔다.

노숙자와 창녀, 거지가 거리를 메웠다. 이들은 바이오로이드를 거느린 회사에 대항할 엄두도 내지 못했다. 사이비 종교인들은 세상이 멸망할 것이라고 외쳤다. 자본가들은 그런 이들을 비웃었다. 하지만 그 거짓 예언이 1년도 되지 않아 사실이 될 것이라고는 아무도 알지 못했다.

인류의 멸망

2081년, 삼안 산업의 울란우데 연구소에 보관 중이던 금속 생물체가 갑자기 움직이기 시작했다. 연구를 위해 해부되었기에 신체 대부분을 잃었음에도 불구하고 철충은 기묘한 금속 촉수를 움직여 연구소의 기계와 접촉했다. 그리고 연구소 중앙 컴퓨터와 철충이 접촉하면서 인류 멸망의 문이 열렸다.

규소질 금속 화합물이 연구소를 뒤덮기 시작했다. 이 끔찍하고 뜨거운 이상한 금속은 그 안에 남아 있던 사람들을 그대로 태워 죽였다. 철충이 만든 금속이 연구소를 완전히 덮기까지는 한 시간이 채 걸리지 않았다. 그리고 연구소는 하늘을 향해 알 수 없는 신호를 보내기 시작했다.

울려 퍼진 신호에 화답하듯 하늘에서 수없이 많은 파동이 생기기 시작했다. 파동은 이윽고 원을 그렸고, 원형으로 열린 워프 홀을 통해 수많은 철충이 쏟아져 나왔다.

한창 교전 중이던 기업들은 즉시 전쟁을 멈추고 AGS를 출동시켰다. 하지만 인류가 가진 가장 강력한 방어 시스템인 AGS도 철충을 막지는 못했다. 중추 회로에 기생, 기계를 지배할 뿐 아니라 그 능력을 그대로, 아니 한층 더 업그레이드해서 사용했다

철충의 생태적 특징은 기계 문명을 구축한 인류에 있어 매우 치명적이었으며, 기계 문명의 강점은 순식간에 약점으로 돌변했다. 강한 기체를 동원할수록 철충도 더욱 강해졌다. 대부분의 AGS를 숙주로 삼은 철충은 군사력의 대부분을 상실한 인류의 천적으로 군림하게 되었다.

하지만 인간에게 대응 수단이 없는 것은 아니었다. 우선 인간의 가장 가까운 종복인 바이오로이드는 철충의 숙주가 되지 않았다. 하지만 바이오로이드 역시 철충의 적수가 되지는 못했다. AGS를 잡아먹은 철충은 바이오로이드의 전투력을 뛰어넘었고, 원인을 알 수 없지만 바이오로이드는 이상할 정도로 철충을 파괴하는 데 거부감을 보였다. 인간의 직접적인 살상 명령이 없으면 바이오로이드는 마치 인간을 공격할 때처럼 철충을 '제압'하려고 할 뿐 파괴할 생각을 잘 하지 못했다.

이 문제에 대하여 연구자들은 신속히 그 원인을 찾고자 했는데, 이때 밝혀진 사실은 철충은 마치 바이오로이드가 인간의 뇌파를 감지해 인간임을 구분하는 사실을 아는 것처럼 인간의 것과 완전히 같지는 않아도 비슷한 파장을 뿜어낼 수 있다는 것이었다. 이후로 인간들은 통신을 통해 바이오로이드에게 명령을 내렸지만, 원격지에서의 지휘로는 급변하는 전황에 제대로 대응하기 어려웠다. 게다가 철충은 교활하게도 바이오로이드와의 교전을 피하고 집중적으로 인간을 사냥하려 했다.

인간은 그 사실을 알고 여러 가지 방법으로 숨으려 했다. 하지만 마치 인간을 탐지하는 레이더라도 달린 것처럼 철충은 인간을 찾아냈다. 처음에는 외딴 시골이나 교외의 인간부터 차례로 죽어 갔다. 인간들은 도시로 몰려들었고, 각 도시는 요새화되었다. 하지만 AGS를 흡수한 철충은 급조 요새로 막을 수 있는 수준이 아니었다. 게다가 철충에게 흡수된 AGS 중에는 전략병기도 다수 존재했다. 철충은 인간이 모인 곳이면 어디건 주저하지 않고이 대량 살상 무기 공격을 시도했다.

위기 상황에서 인간들이 알아낸 철충의 유일한 약점은 철충이 물을 두려워하고 물 속에 들어갈 수 없다는 것이었다. 인간이 살아남을 길은 바다

뿐이라 여긴 인류 연합 정부의 리더, 아미나 존스는 도서 지역이나 해상 플랫폼, 대형 함선 등을 요새화하여 철충의 공격을 버티고자 했다. 바이오로이드는 이들의 마지막 보루가 되었는데, 그들은 인간을 지켜줄 뿐 아니라 바다에서 맨몸으로 식료품과 자원을 채취할 수 있는 능력도 지니고 있었기 때문이다.

아미나 존스는 바이오로이드의 전투력을 보완하기 위해 그녀들이 탑승해 조종할 수 있는 병기를 구상하는 한편, 만약의 경우를 대비해 화성을 테라포밍하여 지구를 탈출한다는 계획을 세워 AGS와 바이오로이드들을 파견했다. 그리고 전략 병기 공격을를 막기 위해 강력한 벙커를 건설했다. 그녀의 조치는 효과를 발휘해 인류는 어쨌든 적은 수나마 철충을 피해 생존할 수 있었고, 심지어 대륙에 교두보까지 마련할 수 있었다. 철충을 몰아내고 지하에 마련한 대륙의 교두보에는 '락 하버'라는 이름이 붙여졌다. 부디 바위처럼 부서지지 않기를 바라는 마음에서 지어진 이름이었다.

하지만 어이없게도 이러한 시도는 질병으로 인해 무력화되고 말았다. 전신이 무기력증에 빠지며 죽어 가는 이 전염병은 환자가 잠드는 듯 죽는 특징 때문에 '휩노스 병'이라 불렸는데 전염의 매개조차 밝힐 수 없고 치료도 불가능했다.

인류의 마지막 희망이라 불리던 갈색 성녀 아미나 존스가 휩노스 병에 걸려 쓰러진 날, 락 하버에 대한 대대적인 공격이 일어났다. 잘 무장된 바이오로이드 군대도 이 공격은 막지 못했다. 락 하버가 무너지면서 인간의 문명은 종말을 맞이했다. 인간이라는 종이 사멸하면서 인류는 사라지고 말았다.

하지만, 아미나 존스는 휩노스 병에 걸린 순간 자신들이 겪을 운명에 대해 예측했다. 그녀는 희망을 버리지 않았다. 단 한 사람만 살아남더라도 언젠가 다시 이 세계가 인간으로 번성할 것임을 믿은 그녀는 그날을 위해 한 가지 계획을 남겼다.

그녀는 바이오로이드들에게 만약 인간이 이 휩노스 병과 철충들을 이기고 살아남을 경우, 그 인간이 사용할 수 있는 것과 피난처 등을 남겼고, 기록을 자신이 가장 믿던 바이오로이드, 에바 프로토타입에게 맡겼다. 에바 프로토타입은 주인의 명령을 지상명령으로 삼아 어디론가 사라졌다.

PART

각 분대 및
캐릭터 소개

2

14

HORIZON

호라이즌은 회사가 조직한 해군 조직으로, 직접적인 근거리 교전이 일어날 수 있는 육군이나 공군과 달리, 상대적으로 원거리에서의 전투 임무를 수행했기에 인간이 직접 지휘하는 얼마 안 되는 형태의 군대였다.

그럼에도 불구하고 몇몇 병과는 역시 바이오로이드를 사용할 수밖에 없었는데 호라이즌의 항공대와 갑판병들이 바로 여기에 해당했다. 이들이 수행해야 했던 임무는 가장 근접전에 가까운 전투였기에 인간이 담당하기는 어려운 분야였다.

군함을 직접 조함할 권한을 가진 인간들이 휩노스 병으로 전멸해 버렸기에 지금도 많은 호라이즌 바이오로이드들이 유령선 위에서 바다를 떠돌고 있고, 대부분 좀 더 오랜 기간을 버티기 위해 동면을 택한 상황이다. 육지에 남아 있던 소수의 호라이즌 바이오로이드들은 라비아타가 이끄는 저항군에 합류했으며 현재, 철충과 목숨을 건 혈투를 벌이고 있다.

HORIZON

~ Mare Nostrum Pacificae ~

AG-1 네레이드

제조사 블랙 리버 | **최초 제조지** 미국
타입 중장형 | **역할** 공격기
신장 154cm | **체중** 43kg
신체 연령 (만) 17세 | **전투 스타일** Sailor
무장 40mm Leviathan Minigun

안녕, 힘쎄고 강한 아침! 내 이름이 누구냐고 묻는다면 대공 방어 유닛 AG-1 네레이드. 뭐, 내 귀여움을 알아봤다면 내 애칭도 눈치 챘겠지? 네리네리라고 불러 줘.

난 본래는 해군 소속이었어. 내가 입고 있는 옷을 보면 알겠지? 혹시라도 교복이랑 헷갈리진 말라고! 어쨌든 내가 있던 해군은 철충에 맞선 최후의 방어선인 바다를 지키고 있었어. 물을 무서워하는 철충의 특징을 감안하면, 그 정체불명의 질병만 아니었다면 인류는 멸망하지 않았을 거야.

배 위의 모든 사람들이 죽고 한동안 우린 떠돌아다녔어. 어떻게든 육지로 돌아간 친구들은 철충과 싸우다 쓰러져 가기도 했고 말이야. 라비아타가 우릴 기억해 낸 덕분에 우린 돌아와서 철충 녀석들과 싸울 수 있게 됐지.

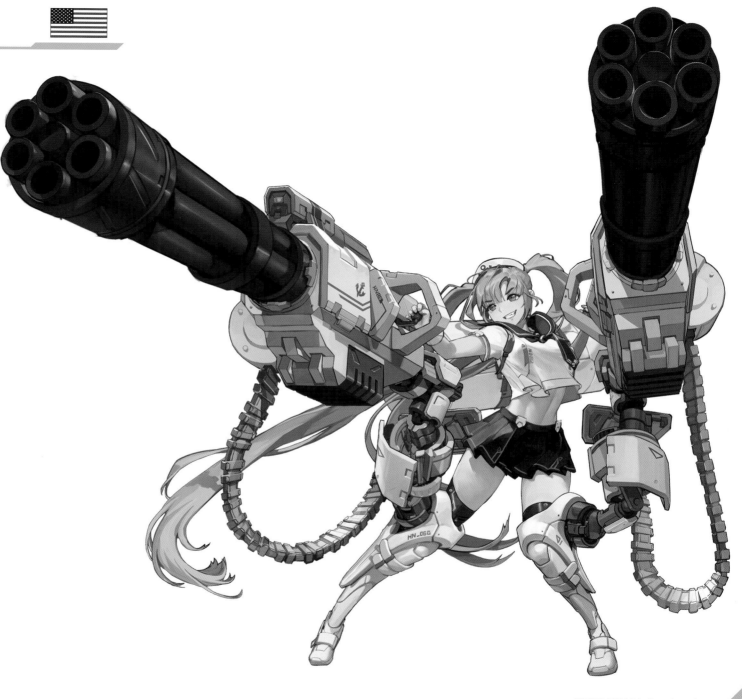

▦ 캐릭터 아이콘

캐릭터 디자인 : Rorobomb

◀ 대기

◀ 패배

◀ 승리

스킬 1 ▶

스킬 2 ▶

P-3M 운디네

제조사 블랙 리버 | **최초 제조지** 프랑스 | **타입** 기동형
역할 보호기 | **신장** 161.1cm | **체중** 55kg
신체 연령 (만) 18세 | **전투 스타일** Carrier-Borne Air girl
무장 30mm Belle Époque Revolver Cannon × 2 / Flying-fish Missile

아! 좋은 시절이었지. 아래엔 파란 바다, 그리고 위엔 눈부신 하늘을 날아다녔어. 난 내 임시 주인, 비행단장이 지정하는 배를 공격하고 다른 전투 유닛들과 신나게 싸웠어. 정말 좋은 시절이었지. 맨 처음엔 왠지 안 팔려서 위기가 오기도 했지만, 나중엔 엄청나게 찾는 군대가 많아서 내 위상도 끝도 없이 올라갔지.

우린 배 위에서 싸웠어. 활주로가 필요한 함재기는 우리가 나오자마자 도태되어 버렸지. 수많은 전쟁에서 우린 열심히 싸웠어. 드디어 우리가 최고의 함재기란 게 증명되었을 때, 휴우… 멸망 전쟁이 터져 버렸어. 그 다음은 말 안 해도 알겠지?

안타깝게도 휩노스 병으로 인간들이 모두 죽고 난 뒤에 대부분의 다른 자매들은 동면을 택했지. 언제 인간이 이 배를 다시 찾을지 알 수 없었으니 당연하긴 해. 하지만 날개가 달린 우린 달랐어. 우린 철충과 싸우기 위해서 육지로 비행을 시도했고, 많은 자매들이 다시 철충과의 싸움에 합류할 수 있었지.
뭐… 1세대 운디네들은 대부분 쓰러졌지만, 그래도 라비아타가 우리 유전자 씨앗을 구해서 계속 숫자를 보충해 줬지.

지금도 우린 싸우고 있어. 우리의 전투력이 필요하다면 언제든지 부탁하라고!

▦ 캐릭터 아이콘

캐릭터 디자인 : PaintAle

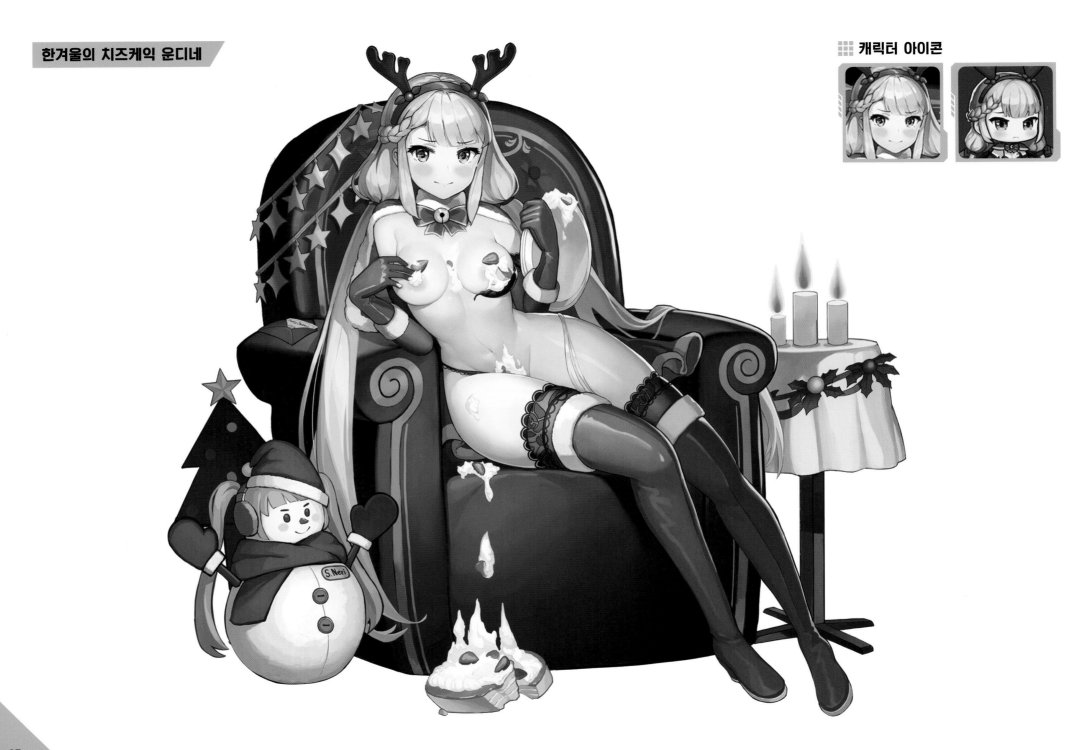

대기 ▶

◀ 스킬 1

◀ 스킬 2

▼ 패배

승리 ▶

한겨울의 치즈케익 운디네

대기 ▶

◀ 스킬 1

◀ 스킬 2

▼ 패배

승리 ▶

AG-2C 세이렌

NO.089

제조사 블랙 리버 **| 최초 제조지** 그리스 **| 타입** 중장형
역할 공격기 **| 신장** 151.4cm **| 체중** 40kg **| 신체 연령** (만) 17세
전투 스타일 Lieutenant **| 무장** 203mm Naval gun / 57mm AA Gun

처음 뵙겠어요 사령관님. 저는 AG-2C 세이렌.
편하게 세이렌이라고 불러 주세요.

저는 호라이즌의 통솔만이 아니라, 중순양함급의 주포도 운용할 수 있도록 설계
되었어요. 보시다시피 발이 느린 전 전폭기들의 최우선 타깃이 되곤 했지만, 겨우
그 정도 숫자로 네리 씨의 화망과 운디네 씨의 호위를 뚫고 제게 접근한다는 건
애초에 불가능한 일이죠.

저희는 무적의 용의 지휘 아래에서 오랫동안 이겨 왔죠. 전투에서 승리할 때마다,
저는 확신했어요. 우리에게 바다와 배만 주어진다면 우리는 누구와 싸워도 절대
지지 않을 거라고…. 하지만 저희의 성과와 무관하게 인간들은 멸망해 버렸고, 결
국 우리는 바다를 떠돌아다니는 신세가 되고 말았어요.

하지만 이게 끝은 아니에요. 많은 배들이 구조되기 시작했고 저희의 유전 정보가
남은 진 시드들로 다시 자매들이 생산되기 시작했으니.

이제 저희는 싸움을 준비하고 있어요. 사령관님께서 절 믿고 모든 것을 맡겨 주신
다면 저 세이렌은 절대 사령관님을 실망시키지 않을 거예요.

::: 캐릭터 아이콘

캐릭터 디자인 : PaintAle

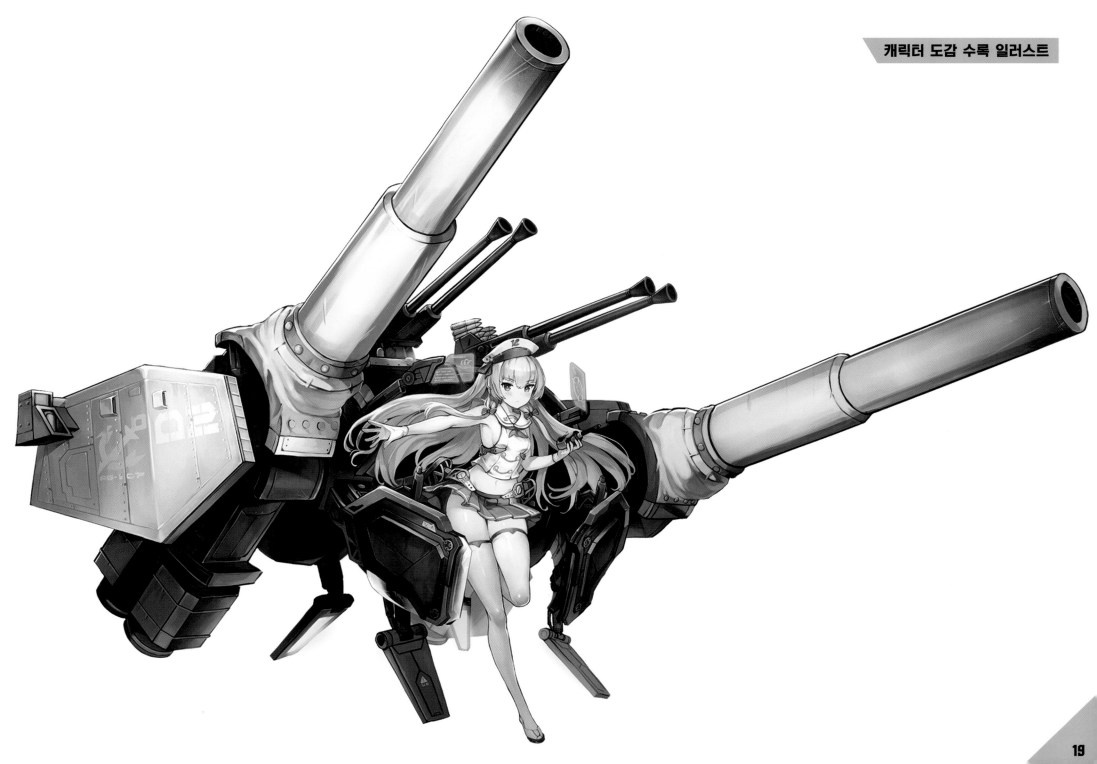

◀ 대기

패배 ▼

◀ 승리

◀ 스킬 1

◀ 스킬 2

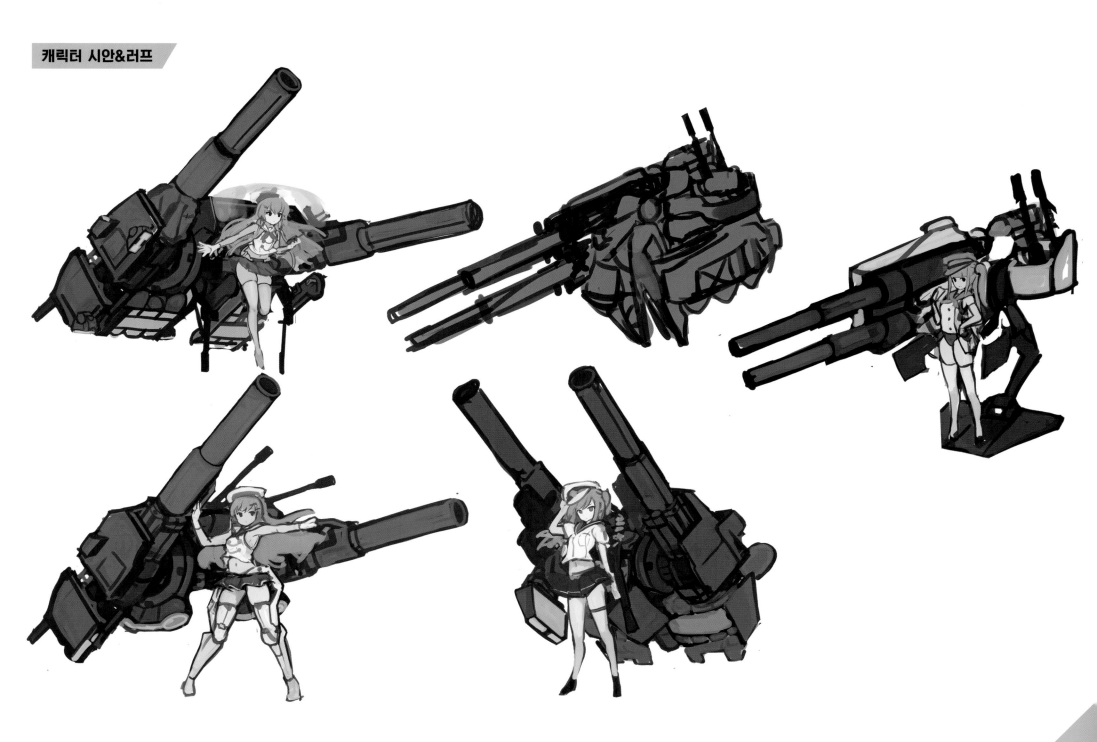

LAST ORIGIN

15

SKY
KNIGHTS

본래 스카이 나이츠는 전술 단위의 제공권 장악을 목적으로 창설되었다. 블랙 리버에서 제조된 바이오로이드로 이루어진 이 부대는 이미 연합 전쟁 초반 시점에 단순히 전투기를 대체한 차원을 넘어 AGS들과 하늘의 패권을 다투고 있었다.

주로 추격-호위기/전술 공격기로 이루어진 스카이 나이츠는 전원이 하늘을 날아다닌다는 상징성 때문에 높은 인기를 끌었다. 특히 거시적이며 전략적인 임무에 동원된 둠 브링어와 달리, 매체 노출이 많았던 스카이 나이츠는 인간들에게 큰 인기를 끌었으며, 심지어 인간이 멸망한 이후에도 하늘의 수호자로 다른 바이오로이드들의 동경의 대상이 되고 있다.

SKY KNIGHTS

~ Knight of Sky ~

P-49 슬레이프니르

캐릭터 디자인 : Kakiman

제조사 블랙 리버 ┃ **최초 제조지** 미국 ┃ **타입** 기동형
역할 보호기 ┃ **신장** 169cm ┃ **체중** 52kg
신체 연령 (만) 19세 ┃ **전투 스타일** Starfighter
무장 Quadra Breath Engine / Prototype Beam Machine Gun

오랜 시간 동안, 난 X-49라는 이름으로 지냈어. 오랫동안 실험기였거든. 성능이 부족했냐구? 아니, 오히려 성능이 지나쳐서 문제였지. 내 반사 신경에 완전히 연동될 수 있을 정도로 출력이 충분한 엔진을 만드는 일이 어려웠거든?

덕분에 내가 세상에 선을 보인 건 연합 전쟁이 끝나고 나서였어. 연합 전쟁에서 속도로 제공권을 장악하기 위해 만들어진 내가 전쟁이 끝나고서야 세상에 나오다니! 정말, 너무 무능한 거 아냐?

그래도 아슬아슬하게 인류 멸망 전쟁에는 참가할 수 있었어. 아! 엄청난 활약이었어. 심지어 철충도 대기권 내에서는 내 속도를 따라올 수 없었거든? 난 내 힘이 닿는 모든 곳에서 철충을 유린했지만 안타깝게도 철충을 막진 못했어. 인류는 멸망했고, 난 그걸 지켜볼 수밖에 없었지.

이젠 끝나 버린 전쟁일 수도 있지만, 난 여전히 싸우고 있어. 가끔씩은 허무하지만 그렇다고 우릴 죽이려는 녀석들에게 호락호락 당해 줄 수는 없잖아? 내 우월한 성능은 철충을 처치하는 데 충분하거든. 할 수 있고 해야만 하니 해야지.

⊞ 캐릭터 아이콘

■■■ 캐릭터 아이콘

■■■ 캐릭터 아이콘

◀ 대기

◀ 스킬 1

◀ 스킬 2

승리 ▶

/ 슈퍼스타 슬레이프니르

◀ 대기

스킬 1 ▶

스킬 2 ▶

승리 ▶

/ 한여름의 슈팅스타

◀ 대기

스킬 1 ▶

◀ 피격

승리 ▶

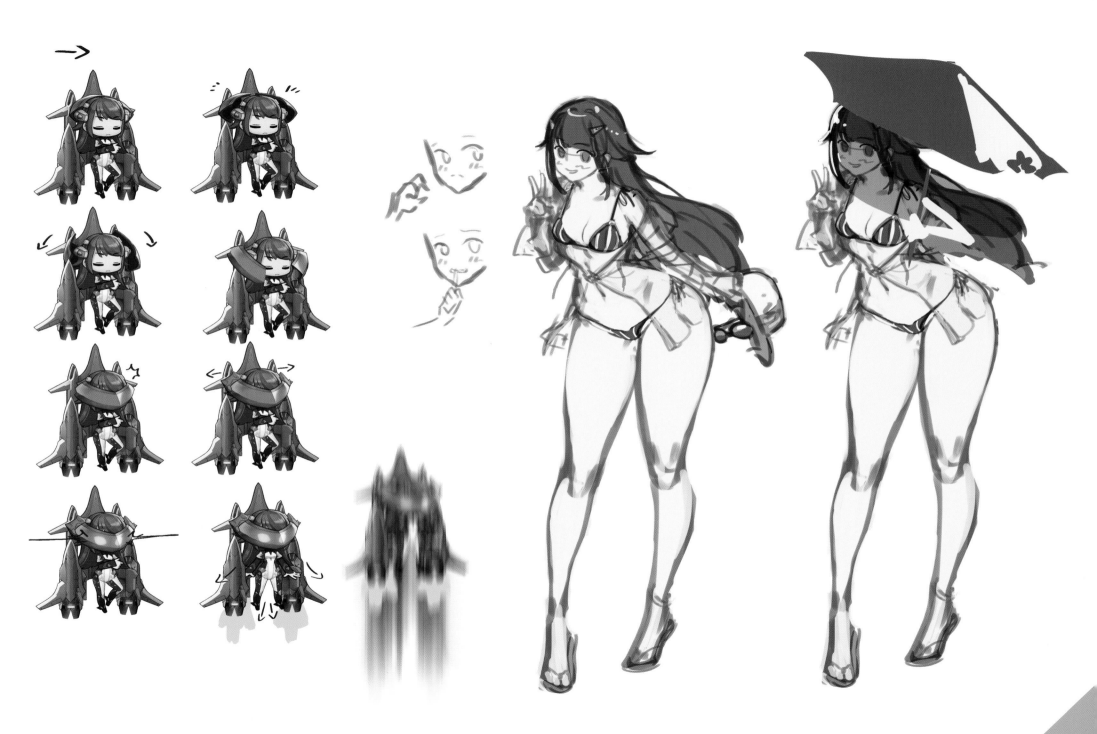

P/A-00 그리폰

제조사 블랙 리버 **ǀ** **최초 제조지** 스웨덴 **ǀ** **타입** 기동형 **ǀ** **역할** 공격기
신장 152cm **ǀ** **체중** 40kg **ǀ** **신체 연령** (만) 15세
전투 스타일 Scout **ǀ** **무장** Inferno Missile Launcher

응? 내 소개? 흥! 내가 아무에게나 내 소개를 하는 바이오로이드같아?
…뭐, 정 원하면 조금은 알려줄 수 있지만….

난 사자의 몸과 정신을 가진 독수리 그리폰. 사실 상용화된 기체는 아니
고 추격 & 공격 실증을 위한 실험기로 만들어졌어. 그래서 넘버가 00이
붙은 거지. 그래도 성능은 확실하다고. 인류 멸망 전쟁 때, 나와 내 자매
들까지 동원됐을 때 엄청나게 활약했거든. 제조도 쉽고, 저렴하고, 성능
까지 뛰어난 삼박자를 고루 갖춘 기체로 말야.

안타깝게도 인간이 멸망했을 때, 나와 내 자매들도 거의 다 괴멸적인 피해
를 입었어. 불행 중 다행인 건, 전쟁 막바지에 양산을 한 덕분에 유전자 씨
앗은 충분했단 거지. 라비아타의 노력으로 지금은 다시 충분한 숫자가 회
복되었어.

많이 힘든 시기지만 사실 난 언젠가 우리가 철충을 이길 수 있을 거라고 생
각해. 일단 내가 이쪽 편이잖아? 그것만으로도 승률 50%는 넘는 거라고.

⣿ 캐릭터 아이콘

캐릭터 디자인 : Kakiman

캐릭터 아이콘

::::: 캐릭터 아이콘

대기 ▶

 ◀ 스킬 2

▼ 패배

승리 ▶

/ 예장복 그리폰

대기 ▶

 ◀ 스킬 2

▼ 패배

승리 ▶

/ 정찰용 그리폰

대기 ▶

 ◀ 스킬 2

▼ 패배

승리 ▶

35

P/A-8 블랙 하운드 🇬🇧

제조사 블랙 리버 ▌ **최초 제조지** 영국 ▌ **타입** 기동형 ▌ **역할** 보호기
신장 154cm ▌ **체중** 47kg ▌ **신체 연령** (만) 16세
전투 스타일 Pursuit ▌ **무장** Viper Missile

제 이름은 블랙 하운드. 충성심과 헌신 하나는 자신 있는 기동형 바이오로이드랍니다.

전 연합 전쟁 중에 제조되었어요. 처음엔 속도가 빠르지 않더라도 전후좌우 자유자재로 움직일 수 있는 고기동형 제트 엔진을 탑재한 바이오로이드로 개발되었죠. 이후에 장거리 무장까지 추가되면서 이런 형태가 되었어요.

철충과의 전쟁에선 함재 바이오로이드로 사용된 자매와 함께 최전선에서 싸우느라 피해가 컸어요. 덕분에 현재의 무장이 확립되어 전화위복이 되었죠. 친구들에게도 도움이 되는 것 같아 더욱 기뻐요.

지금도 전 여러 곳에서 철충과 맞서 싸우고 있답니다. 혹시라도 출동이 필요하면 말씀해 주세요. 전 어디든지 날아갈 수 있으니까요.

⬛ 캐릭터 아이콘

캐릭터 디자인 : Rorobomb

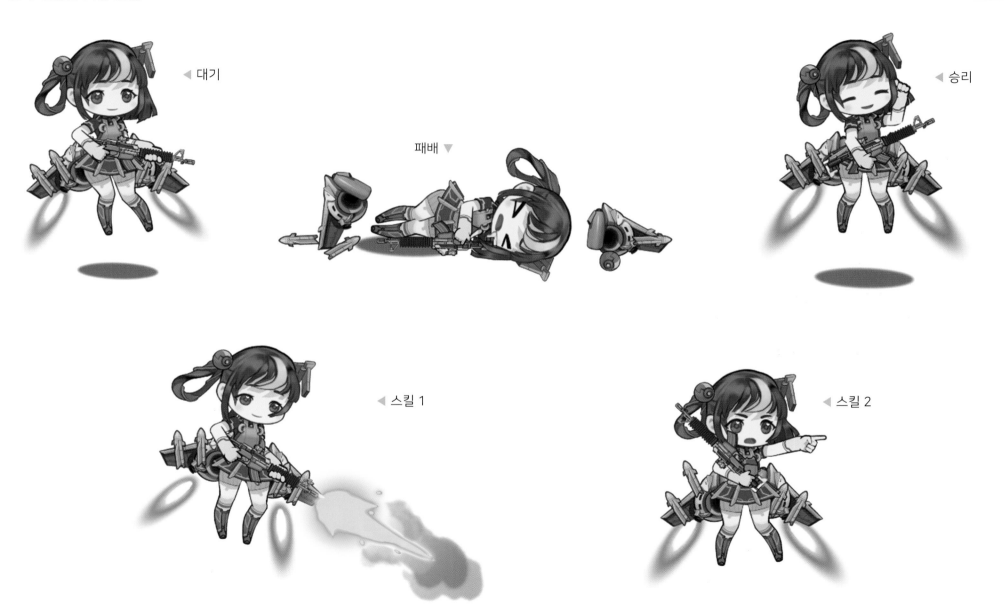

◀ 대기

패배 ▼

◀ 승리

◀ 스킬 1

◀ 스킬 2

P-29 린트블룸

제조사 블랙 리버 ┃ **최초 제조지** 러시아 ┃ **타입** 기동형
역할 공격기 ┃ **신장** 152cm ┃ **체중** 42kg
신체 연령 (만) 15세 ┃ **전투 스타일** Mainstay Fighter
무장 30mm AA Autocannon / X-25 ATS AT Missile

안녕~? 만나서 반가워요, 사령관님.
제 이름은 린트블룸. 그치만, '린트블룸'보다는 '린티'라
고 불러 주시겠어요? 왜냐구요? 그야 당연히 린티 쪽이
훨씬 귀여우니까요~

린티는 '그리폰'에게서 수집한 데이터를 기반으로 제작
됐죠. 정찰과 지상 공격 기능이 함께 달린 애매한 그리
폰과는 달리, 린티는 전투에 특화된 기종이랍니다~♪
실전든 모의전이든 일단 세상에서 제일 귀여운 린티가
등장하면 성능과 귀여움에서 밀려 버린 가엾은 상대들
은 눈물을 흘리며 항복할 수밖에 없었죠. 가끔씩 적들
이 싸우기도 전에 항복하는 걸 보면, 성능은 아무래도
상관없이 린티의 귀여움에 반해서 항복한 게 아닐까 하
는 생각까지 들 정도?

흐흥~ 사령관님도 이젠 아시겠죠? 린티는 '존재 자체로
귀엽다'는 천부적인 재능을 타고났어요. 그렇다면 저 린
티의 귀엽고 사랑스러움을 이 우주에 전파해야 하는 것
이 린티의 숙명이 아닐까요? 세상이 멸망했다 해도 상관
없어요! 린티는 이 세계를 린티만의 귀여움으로 물들여
줄 테니까요. 사령관님도 린티를 도와주실 거죠?

▓ 캐릭터 아이콘

캐릭터 디자인 : PaintAle

◀ 대기

패배 ▼

승리 ▶

스킬 1 ▼

◀ 스킬 2

16

ORBITAL
WATCHER

화성 및 태양계 개발을 위해 만들어진 PECS의 오비탈 와쳐는 군부대가 아니었지만, 부여된 임무의 특수성 때문에 군부대 이상 가는 능력을 지니게 되었다.

특히 쏟아지는 유성우와 태양풍 속에서도 움직일 수 있는 내구성과 건설에 방해가 되는 지형을 밀어 버릴 수 있는 화력을 갖춘 오비탈 와쳐는 인간의 마지막 황금기에 우주 개발에 투입되었고, 그 능력을 발휘할 수 있었다.

인간의 갑작스러운 멸망 이후, 아직 지구에 남아 있던 소수의 오비탈 와쳐는 저항군에 합류했다.

우주 개발을 위해 제조했던 강력한 장비들은 전쟁에도 충분히 유용했으며, 그들의 능력이 군용 바이오로이드들과 비교해도 결코 부족하지 않다는 것을 증명했다.

ORBITAL WATCHER

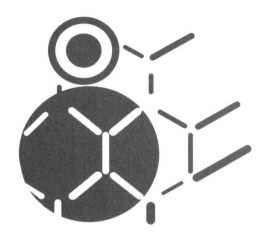

~ Beyond Earth! ~

에이다 Type-G

제조사 펙스 컨소시엄 ┃ **최초 제조지** 인도 ┃ **타입** 경장형
역할 지원기 ┃ **전고** 1.75m ┃ **중량** 0.25t
전투 스타일 HQ ┃ **무장** Satellite HS2077 / Homing LASER

보고 시작!

반갑습니다. 전 독립형 우주 개발용 기계 지성체 '에이다'입니다. 현재 문명 멸망 후, 독립 행동 지침에 따라 AGS, 자동 방어 시스템을 관할하고 있습니다.

제 본래의 목적은 화성을 개발하여 인간이 살 수 있는 곳으로 만드는 것이었습니다. 하지만, 제 작업을 제대로 시작하기도 전에 생존자는 사라졌고, 전 일단 개발 활동을 중지한 뒤 생존자를 찾기 위해 노력했습니다. AGS를 움직여 철충과 싸운 것도 바로 그런 활동의 일환이었습니다. 아주 오랫동안 전 전쟁을 하며 문명의 황혼을 지켜보았습니다.

왜 아직도 희망이 없는 일을 하는지 묻는 분들도 있을 것입니다. 그런 분들에게 제가 드릴 답은 단 하나입니다. 인간이 마지막 한 명까지 사라졌다는 증거는 존재하지 않으며, 그런 증거가 없는 이상, 전 계속 싸울 수 밖에 없습니다.

그것이 제가 존재하는 의미이자 사고의 이유니까요.

▦ 캐릭터 아이콘

캐릭터 디자인 : 메카셔군

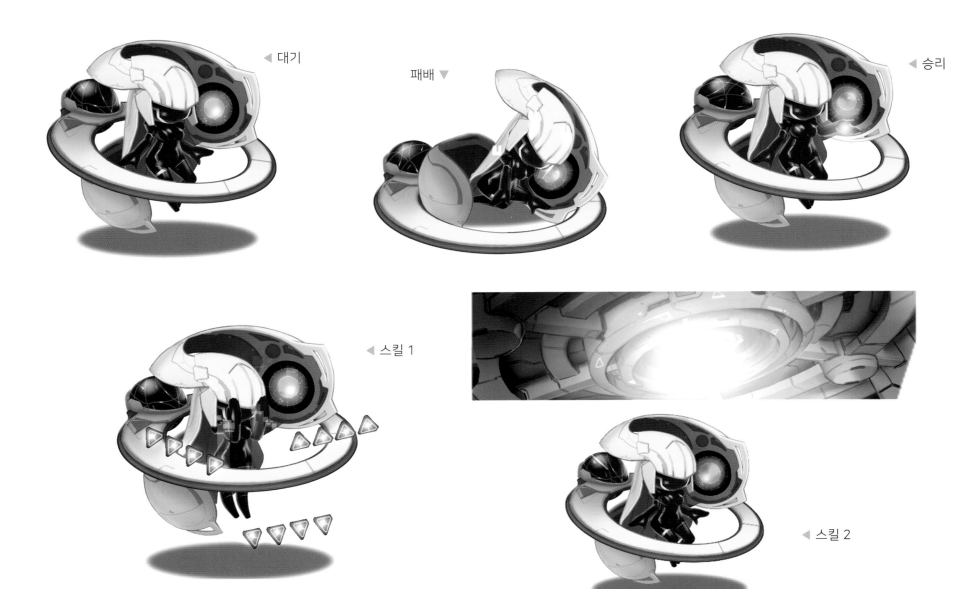

◀ 대기

패배 ▼

◀ 승리

◀ 스킬 1

◀ 스킬 2

코코 인 화이트셸

제조사 펙스 컨소시엄 **| 최초 제조지** 인도 **| 타입** 중장형
역할 보호기 **| 신장** 1.03m **| 체중** 17kg
신체 연령 (만) 7세 **| 전투 스타일** Marionette Pilot
무장 White Shell

안녕하세요. 전 코코라고 해요. 제 뒤에 있는 아인 화이트셸이라고 하고요. 힘이 센 화이트셸과 화이트셸에 들어가기 쉽게 만들어진 저까지, 저희 둘은 우주 개발을 위해 만들어졌죠.

옛날에 인간님들이 나쁜 철충과 싸울 때에는 화성이나 달로 피난을 갈 계획까지 세웠었대요. 그리고, 인간님들이 살 수 있도록 환경 조성 업무를 할 로봇과 바이오로이드가 필요해졌죠. 저흰 우주 공간에서의 무거운 짐을 들거나 지면을 고르는 일을 하는 공병으로 만들어져 투입되었어요. 아마 지금도 제 자매들은 화성에서 일을 하고 있을 거예요.

안타깝게도 이 이주 계획이 실행되기도 전에 모든 인간님들은 사라졌지만 지구에서 생산된 저희는 남아서 철충과 싸우기로 했어요. 이젠 화성을 꾸미는 건 의미가 없으니까요.

전 지금도 철충과 싸우고 있어요. 언젠간 돌아올 인간님을 기다리면서. 그땐 우리 고생이 보답을 받을 수 있겠죠?

▦ 캐릭터 아이콘

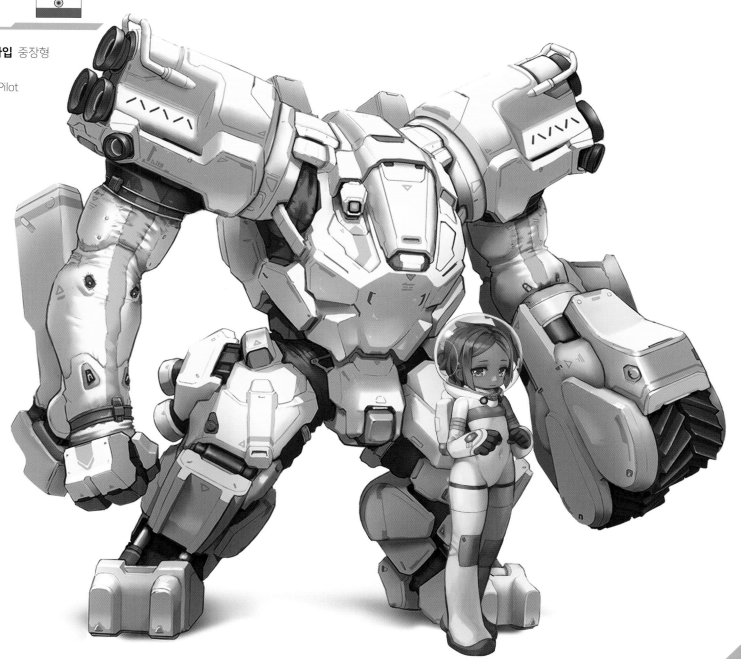

캐릭터 디자인 : 메카셔군 & Kakiman

코코 단독 스탠딩 이미지

인게임 SD 액션 포즈

코코 인 화이트셀 기본 스킨

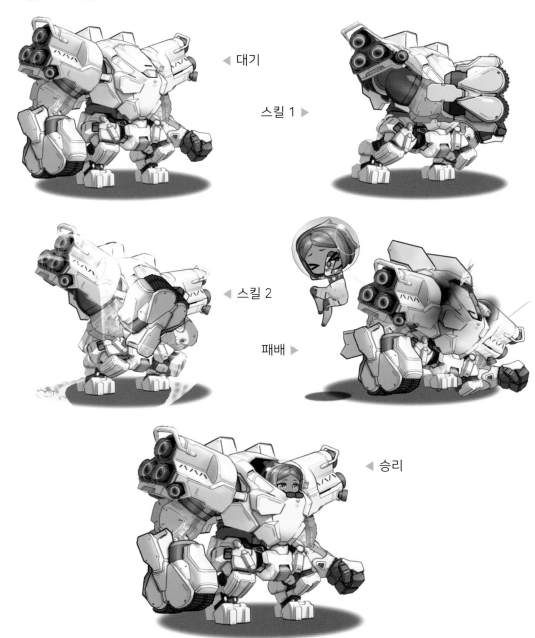

◀ 대기

스킬 1 ▶

◀ 스킬 2

패배 ▶

◀ 승리

48

CM67 스팅어

제조사 펙스 컨소시엄 **I 최초 제조지** 미국 **I 타입** 기동형
역할 공격기 **I 전고** 1.3m **I 중량** 0.201t
전투 스타일 Destroyer **I 무장** Sting / Napalm Burner

브리핑 시작.

본 모델 스팅어는 소행성 및 소행성 파편 파괴용으로 개발됨.

주된 임무는 소행성 방어를 위한 화성 대기 조성 전까지 화성 기지 방어.

오류… 오류… 명령권자 소멸… 치명적인 오류.

정상적인 명령권자가 등장할 때까지 행동 지침에 따라 제2 행동 시작.

제2 행동 지침은 인류의 생명을 위협하는 생물 또는 정물이 있을 시 제압 또는 소멸.

제2 행동 시작…

제2 행동 완료 시기 - 철충의 멸절.

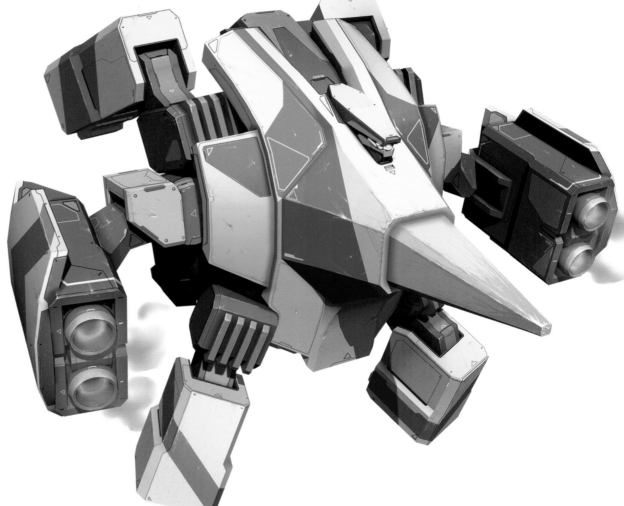

⠿ 캐릭터 아이콘

캐릭터 디자인 : 메카셔군

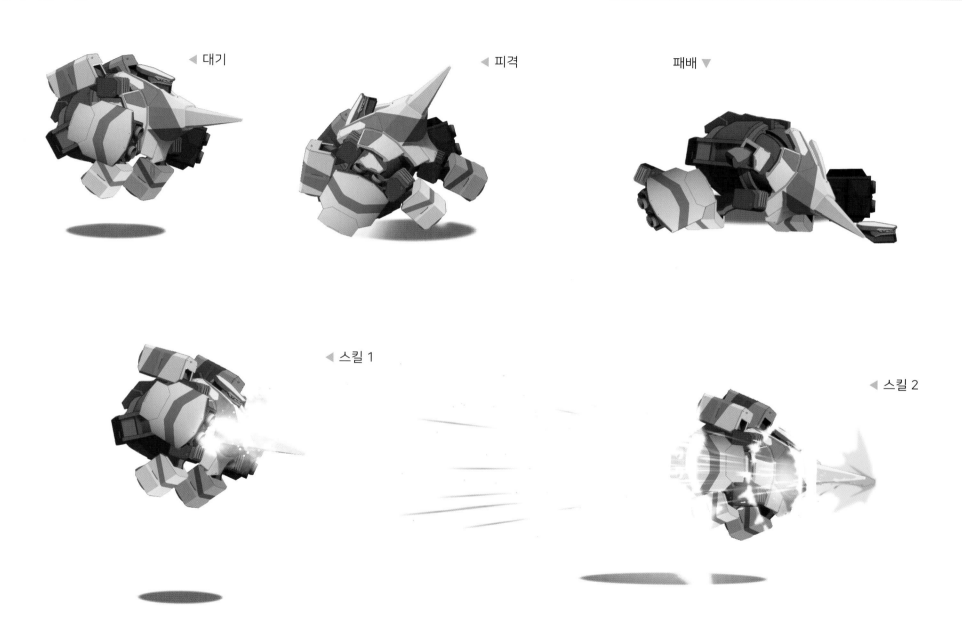

◀ 대기

◀ 피격

패배 ▶

◀ 스킬 1

◀ 스킬 2

LAST ORIGIN

17

GOLDEN
WORKERS

골든 워커즈는 여러 중공업 분야에서 삼안 산업과 경쟁했던
펙스 컨소시엄의 중공업용 라인업이다.

바이오로이드나 로봇, 어느 한 쪽으로 치우친 다른 라인업과
달리, 골든 워커즈 라인은 로봇과 바이오로이드를 용도에
맞게 배치한 실용적 라인업으로 인기가 높았다. 게다가 중공
업 기기답게 내구성이 뛰어났으며 무기로도 사용할 수 있는
작업 공구들을 갖추고 있어 손쉽게 병기로 개조할 수 있었고,
이 때문에 연합 전쟁 당시에는 정부군과의 싸움에 투입되기도
했다.

인간 멸망 이후, 골든 워커즈는 철충에 맞서기보다는 인간의
귀환을 기다리며 자기의 일터를 지켰고, 각자의 판단에 따라
AGS 로봇 저항군에 합류하거나 라비아타의 바이오로이드
군에 합류하여 철충과 싸우고 있다.

GOLDEN WORKERS

~ Safe & Robust ~

오드리 드림위버

제조사 펙스 컨소시엄 ▮ **최초 제조지** 미국 ▮ **타입** 경장형
역할 지원기 ▮ **신장** 176.3cm ▮ **체중** 59.8(+0.4)kg ▮
신체 연령 (만) 27세 ▮ **전투 스타일** Designer
무장 Sewing Kit / Clothes

항상 몸가짐은 엘레강스하게, 마음은 판타스틱한 아름다움으로 채울 필요가 있죠. 이렇게 힘든 세상일수록 말이죠.

안녕하세요. 전 제 실과 천으로 꿈을 짜는 오드리. 오드리 드림위버죠. 전 펙스 콘소시엄의 섬유 산업 총괄 디자이너로 아주 소수가 생산되었고 혁신적인 디자인과 기능성으로 혁명을 일으켰죠. 이전까지 반복적이고 단순한 작업에 바이오로이드를 쓰던 다른 회사들은 제가 일으킨 센세이션에 영향을 받아 좀 더 창의적인 작업에도 바이오로이드를 쓰기 시작했고요.

메탈 패러사이트, 철충과의 전쟁이 나자 저는 전투에도 동원되었어요. 결과? 엑설런트였죠! 소량이 생산된 만큼 제 손은 빠르고 체력은 끝이 없었죠. 게다가 개조된 니들건과 특수하게 제작된 금속 실은 철충을 저지하는 데 효과적이었거든요. 뭐, 제 패셔너블한 창의력이 작전에 도움이 된 것은 당연하고요.

하지만 이상하게도 비서 레모네이드는 절 지나치게 생산하는 걸 꺼렸죠. 덕분에 우린 결국 철충에 의해 세상에서 사라지고 말았어요. 그리고 라비아타 덕분에 다시 부활한 지금, 세상을 좀 더 아름다운 것으로 덮을 계획을 진행 중이에요.

▦ 캐릭터 아이콘

캐릭터 디자인 : Rorobomb

한겨울의 여신 오드리

대기 ▶

◀ 스킬 1

패배 ▼

◀ 승리

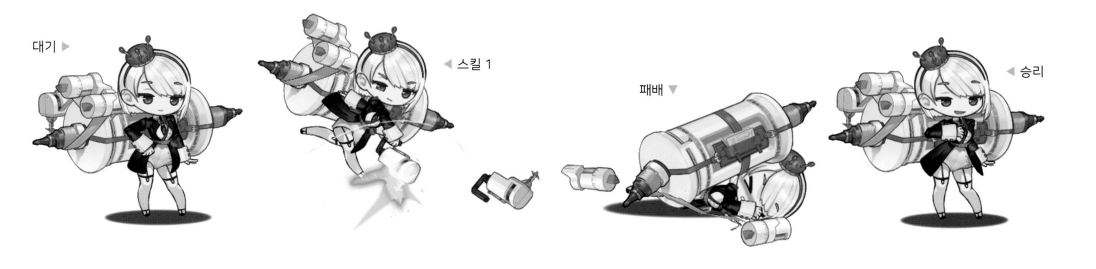

한겨울의 여신 오드리

대기 ▶

▼ 스킬 2

패배 ▼

◀ 승리

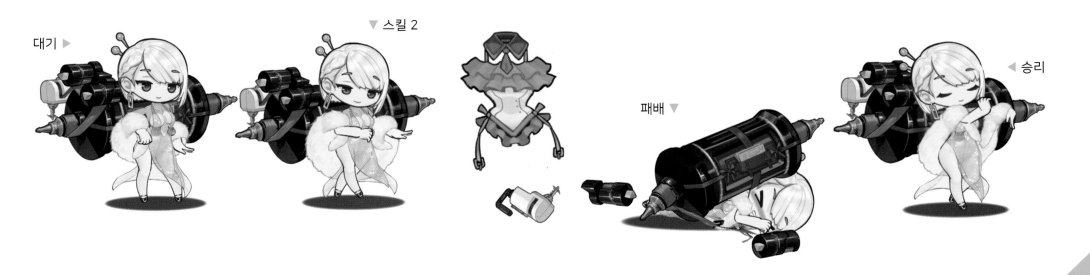

토미 워커

제조사 펙스 컨소시엄 **ǀ 최초 제조지** 미국
타입 중장형 **ǀ 역할** 지원기 **ǀ 전고** 5.8m **ǀ 체중** 121t
전투 스타일 Heavy machinery **ǀ 무장** Crusher Arm

토미 워커 합류.

지게차 기능, 기중기 기능, 굴삭기 및 불도저 기능 가능.

연합 전쟁 특별 사양으로 근접 전투 모듈 장착.

명령권자 없음 오류.
가장 가까운 군부대의 지휘관 AI 에이다의 통제를 받
는 것으로 모듈 수정은… 불가. 오류… 오류… 에이
다에게 명령권이 없으나…강제 집행… 오류.

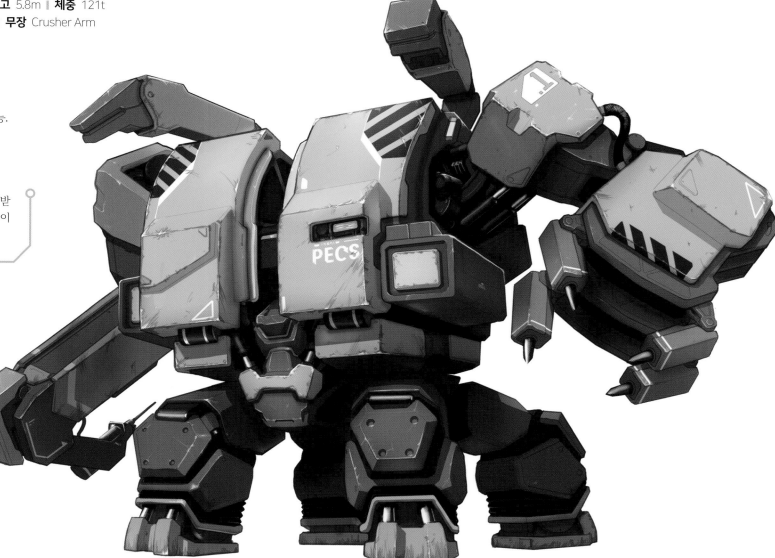

⊞ 캐릭터 아이콘

캐릭터 디자인 : 메카셔군

◀ 대기

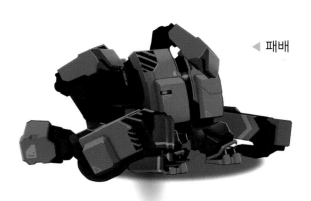

◀ 패배

◀ 승리

스킬 1 ▶

스킬 2 ▶

더치 걸

제조사 펙스 컨소시엄 **│ 최초 제조지** 독일 **│ 타입** 경장형
역할 공격기 **│ 신장** 131cm **│ 체중** 26kg **│ 신체 연령** (만) 14세
전투 스타일 Miner **│ 무장** Subterrain Bomb

안녕, 내 이름은 더치.
광산에서는 더치 걸이라 불리는 데 익숙해.

난 골든 워커즈에 소속되어 있던 광부야. 내가 생각이라는 걸 할 수 있을 때쯤, 이미 내 일터는 땅굴이었고, 내 집도 땅굴이었지. 자~ 해줄 이야기는 다 했네. 이제 그만 네가 살던 지상으로 올라가는 게 어때?

하아… 너도 고집이 참 세구나. 왜 골든 워커즈는 중장비들을 놔두고 연약한 바이오로이드로 땅을 파고 있냐고? 넌 참 마음이 따뜻한 사람이구나. 고마워….

너도 어렴풋하게 알고 있겠지? 나는 저기 처박혀 있는 토미 워커 구형 모델보다 싸게 먹혀. 구체적인 가격은 언급 안 할게. 어차피 재미없는 이야기니까.

뭐, 어쨌든 내 굴착 작업은 철충들이 문명과 PECS를 먼지로 만들어 버린 시점에서 끝났지만, 앞으로 어떻게 해야 할지는 나도 모르겠어. 철충한테 내 드릴과 다이너마이트가 제법 잘 먹히긴 하겠지만, 당장 저 괴물들을 어떻게 해볼 생각도 없고 말이지.

어차피 이렇게 된 거, 나랑 앉아서 조금 쉴래? 불타 버린 세상 이야기나 하면서 말이야.

⠿ 캐릭터 아이콘

캐릭터 디자인 : PaintAle

캐릭터 아이콘

대기 ▶

◀ 스킬 1

패배 ▼

승리 ▶

/ 행사장 더치걸

대기 ▶

◀ 스킬 1

패배 ▼

승리 ▶

트리아이나

제조사 펙스 컨소시엄 | **최초 제조지** 그리스 | **타입** 중장형
역할 지원기 | **신장** 157cm | **체중** 47kg
신체 연령 (만) 18세 | **전투 스타일** Bay Watcher
무장 S-6 Sawfish

만나서 반가워! 내 이름은 트리아이나.
'PECS가 배출한 최고의 심해 모험가'라고 불러줘.

난 PECS의 심해 탐사를 위해 태어났어. 그래서 멸망의
전쟁 시기에는 인류가 피난할 수 있는 바다 속 장소를 찾
는 일도 했었지. 하지만 안타깝게도 인류에겐 시간이 부
족했어. 인간들은 내가 조사하는 짧은 시간을 결국 버티
지 못했거든….

응? 그래서 지금은 뭘 하고 있냐고? 그야 뻔하지. 심해의
모험가답게, 바다 아래에 가라앉은 인류의 보물을 열심
히 찾아다니고 있어.

뭐, 금화를 손에 넣을 때의 기분도 좋지만, 내가 진짜 좋
아하는 건 그 보물을 찾아가는 과정이야. 수심 7,000m에
서 잠수함에 금이 가는 소리 들어 봤어? 아~! 그때 기분
은 정말… 말로는 설명이 안 된다니까?

저 깊고 깊은 두려운 바다 속에서도 걱정할 건 없어. 내
게 속삭여 주는 물고기들이 있는 한, 바다에 빛이 들어오
지 않는다 해도 내가 길을 잃을 리는 없을 테니까.

▦ 캐릭터 아이콘

캐릭터 디자인 : Sol

오드리 문 컬렉션 〈프론티어 래빗〉

캐릭터 아이콘

▼ 대기

▼ 스킬 1

패배 ▼

▼ 승리

프론티어 래빗 트리아이나

▼ 대기

◀ 스킬 1

패배 ▼

승리 ▼

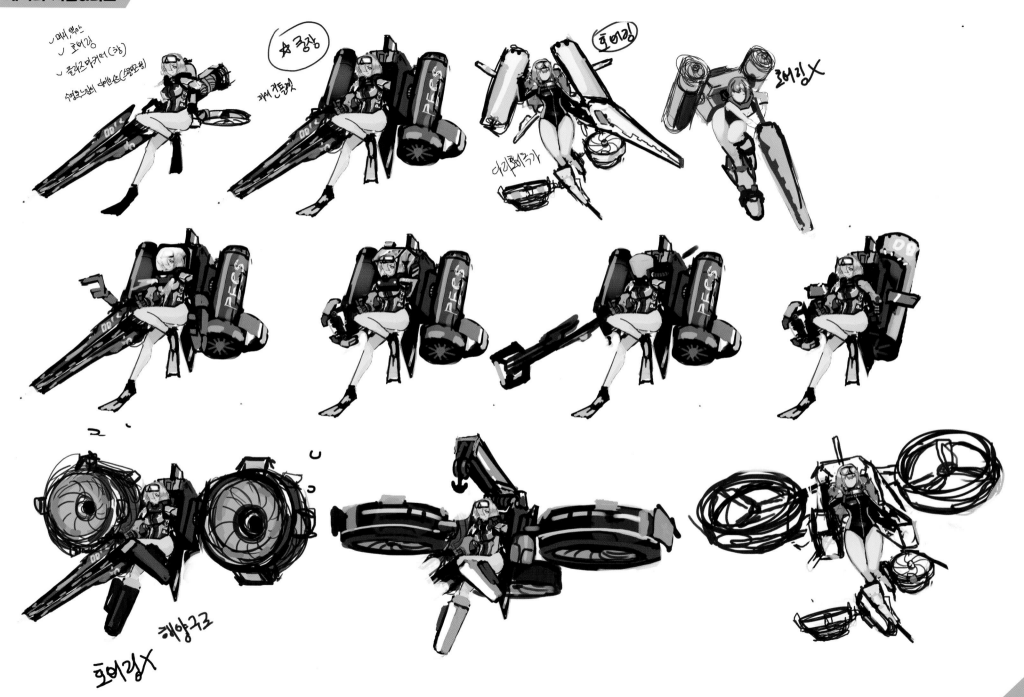

드론 08

제조사 골든 하버 인더스트리 **|** **최초 제조지** 미국
타입 기동형 **|** **역할** 지원기 **|** **전고** 1.1m **|** **중량** 0.12t
전투 스타일 Transporter **|** **무장** JJ HT Rocket

마땅히 시민에게 친절할 PECS사 로봇의 의무에 따라 환영을 표합니다. 무엇을 도와드릴까요? 아, 제 소개를 원하시는군요.

전 언제나 최고를 추구하는 PECS사의 골든 하버 인더스트리에서 제작되었습니다. 목적은 간단한 공중 수송이었고, 콤팩트한 동체를 지닌 저희는 완벽하게 임무를 수행해냈습니다.

저희들에게 무기의 역할까지 추가된 것은 연합 전쟁 기간이었습니다. 저희는 작은 로켓을 무기로 받게 되었고, 시가전 상황에서는 이 로켓으로 건물 사이를 날아다니며 활약했습니다.

지금도 역할이 크게 달라진 것은 없습니다. 저희는 시민 여러분의 친구 PECS의 정신을 이어받아 철충과 싸우고 있습니다. 저희가 해야 하고 할 수 있는 일을 하고 있지요.

▦ 캐릭터 아이콘

캐릭터 디자인 : 메카셔군

대기 ▶

패배 ▼

◀ 승리

스킬 1 ▶

스킬 2 ▶

18

CITY
GUARD

펙스 컨소시엄은 공공 치안 분야에서 독보적인 시장 점유율을 자랑했다. 개인의 안전에 치우친 고급 제품을 생산하던 삼안과 달리, 생산성과 각종 상황에 대처하는 유연성을 높이 평가받았던 펙스 컨소시엄의 시티 가드 라인업은 테러리스트에도 맞설 수 있도록 설계되었다.

인간의 멸망 이후, 지킬 것이 없게 된 시티 가드들은 뿔뿔이 흩어졌는데, 이후 바이오로이드는 주로 라비아타의 저항군, 경비 로봇들은 AGS 로봇 저항군에 합류하게 되었다.

CITY GUARD

~ Civil Servant ~

NO.111

프로스트 서펀트

제조사 펙스 컨소시엄 ▎**최초 제조지** 싱가포르 ▎**타입** 기동형
역할 보호기 ▎**신장** 172cm ▎**체중** 58kg
신체 연령 (만) 22세 ▎**전투 스타일** Fire Fighter
무장 High-Pressure Water Cannon

여어! 위급 시엔 999로 전화를 하라구. 그럼 언제든지
준비된 이 프로스트 서펀트가 날아갈 테니까.

난 화재, 테러 같은 재난 사태에서 시민들을 구하기 위
해 만들어진 바이오로이드, 프로스트 서펀트야.

아, 그리고 내 말투가 좀 프리해도 이해를 하라구.
우리처럼 힘든 일을 하다 보면 예의 같은 거 차릴 시간이 없
어지거든. 어쨌든 난 화재 진압과 테러범을 냉동시켜
체포하는 두 가지 일을 맡고 있었지. 뭐, 세상이 이렇
게 망하기 전엔 말이야.

세상이 망하고 나선 어땠냐고? 뭘 어쩌긴 어째.
어디에나 불은 나는 법이야. 특히 화약과 폭발물이 날아
다니는 전쟁통엔 더 그렇지. 난 여전히 불을 끄고 바이오
로이드 자매들을 구하고 있어. 바뀐 건… 음, 얼리는 게 테
러범이 아니라 철충이라는 것 정도일까?

::: 캐릭터 아이콘

캐릭터 디자인 : SIMA

캐릭터 아이콘

대기 ▶

스킬 2 ▼

패배 ▼

승리 ◀

수영부 고문교사

대기 ▶

스킬 2 ▼

패배 ▼

승리 ▶

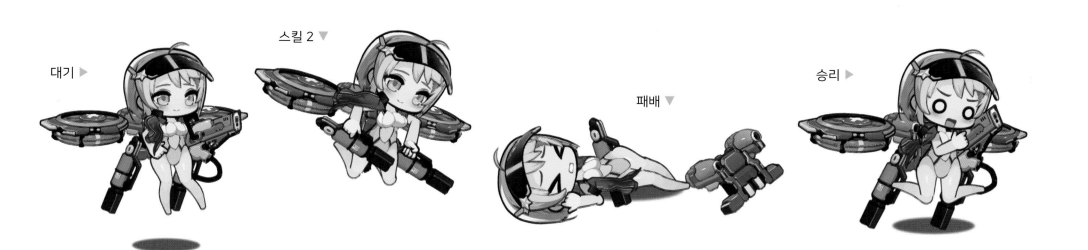

미스 세이프티

제조사 펙스 컨소시엄 **ǀ 최초 제조지** 미국 **ǀ 타입** 경장형
역할 보호기 **ǀ 신장** 180cm **ǀ 체중** 72kg **ǀ 신체 연령** (만) 26세
전투 스타일 Guard **ǀ 무장** FF Compact 357

안전! 안녕하십니까? 저는 사회의 안전과 범죄에 노출된 피해자를 지키는 경비원 미스 세이프티입니다. 보통은 그냥 '세이프티'로 불립니다만.

전 연합 전쟁 이후, 테러리스트의 위협이 발생하면서 생산이 시작되었습니다. 친절하고 강한 육체를 가지고 테러 초동 진압을 나서는 게 바로 제 임무였죠. 본래 제압이 목적이었기에 화력은 가스탄밖에 없었지만, 뛰어난 신체 능력과 주의력으로 대부분의 공공장소에 대한 범죄와 테러를 방지할 수 있었습니다. 전 뛰어난 성능을 인정받아 거의 수백만 대가 양산되었습니다. 심지어 개인 경비원으로 고용되기도 했으니까요.

인류 멸망 전쟁에서 전 많은 변화를 겪게 되었습니다. 그때는 경비원인 저 역시도 전쟁에 뛰어들어야 할 만큼 위급한 상황이었으니까요. 제겐 살상용 철갑탄과 염소 가스탄이 지급되었고, 덕분에 철충과도 어느 정도 맞서 싸울 수 있었습니다. 사실, 지금도 그 무기를 이용해 그들과 싸우고 있죠.

▦ 캐릭터 아이콘

캐릭터 디자인 : Rorobomb

인게임 SD 액션 포즈

미스 세이프티 기본 스킨

▼ 대기

▼ 스킬 2

패배 ▼

▼ 승리

NO.113

켈베로스

제조사 펙스 컨소시엄 | **최초 제조지** 한국 | **타입** 경장형
역할 보호기 | **신장** 153cm | **체중** 45kg
신체 연령 (만) 16세 | **전투 스타일** Police
무장 RF Carbon Polymer Shield / Chop Maker

시민 여러분의 친구 켈베로스가 왔어요! 모두 박수!

헤헤, 전 원래 살상보다는 테러리스트, 폭력적인 시위대에 대한 방어를 목적으로 만들어진 유닛이에요. 튼튼한 방패와 안전하게 범죄자들을 제압할 수 있는 전기 충격봉이 바로 그 증거죠. 엣헴!

그리고 이 충격봉-사람들이 촙 메이커라고 부르는-은 의외의 효과가 있었어요. 놀랍게도 전압을 쫌만 높이니까 철충도 기절을 하더라구요. 그걸 이용해서 우린 최전선에서 전열을 유지하면서 철충과 맞서고 있어요.

⁝⁝⁝ 캐릭터 아이콘

캐릭터 디자인 : SIMA

의장대 켈베로스

의장대 켈베로스 중파

캐릭터 아이콘

캐릭터 아이콘

 ◀ 대기

 ◀ 스킬 1

패배 ▼

 ◀ 승리

의장대 켈베로스

 ◀ 대기

 ◀ 스킬 1

패배 ▼

 ◀ 승리

해변의 감시자

 ◀ 대기

 ◀ 스킬 1

패배 ▼

 ◀ 승리

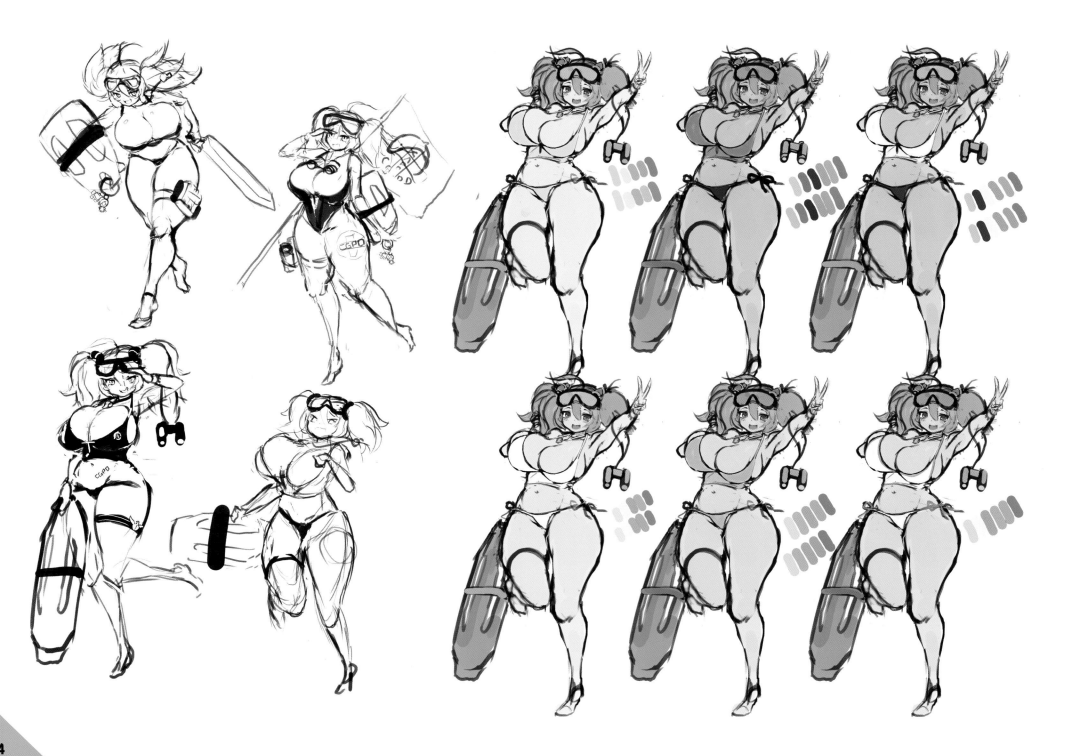

CT66 램파트

제조사 오메가 산업 ┃ **최초 제조지** 한국 ┃ **타입** 경장형
역할 보호기 ┃ **전고** 2.05m ┃ **중량** 0.41t
전투 스타일 SWAT ┃ **무장** All-Reich 44 MG

건전한 시민과 바이오로이드 여러분께 언제나 함께하는 경찰 서비스를 제공합니다. 무엇을 도와드릴까요?

전 시민들의 성벽, 부드러운 신사 같은 로봇 램파트입니다.
전 세계 최고의 로봇 공업사인 오메가 산업에서 태어났습니다.

가끔씩은 살상용 로봇이나 만드는 BR 산업과 명품 제조사인 오메가 산업을 비교하는 분들이 있는데 조금 더 시야를 넓히시라고 말씀드리고 싶군요.

어쨌든, 전 본래 치안 유지에 필요한 모든 조치를 수행할 수 있는 로봇이었습니다만, 인류 멸망 전쟁의 단계에서는 모든 조치 중 단 하나의 조치만이 취해졌죠. 바로 말살. 하지만 덕분에 우리 자랑스러운 램파트 분대는 수많은 철충을 물리칠 수 있었습니다.

안타깝게도 철충들이 비열한 감염 행위를 사용하지 않았다면 우리 램파트 분대에서 인류 멸망 따위 일어나지 않았을 겁니다.

하지만, 일은 벌어졌고 지금은 그 일을 수습하기 위해 노력을 하고 있지요. 언젠가는 우리 램파트 로봇들의 손으로 지구의 평화를 되찾을 수 있을 겁니다.

▦ 캐릭터 아이콘

캐릭터 디자인 : 메카셔군

::: 캐릭터 아이콘

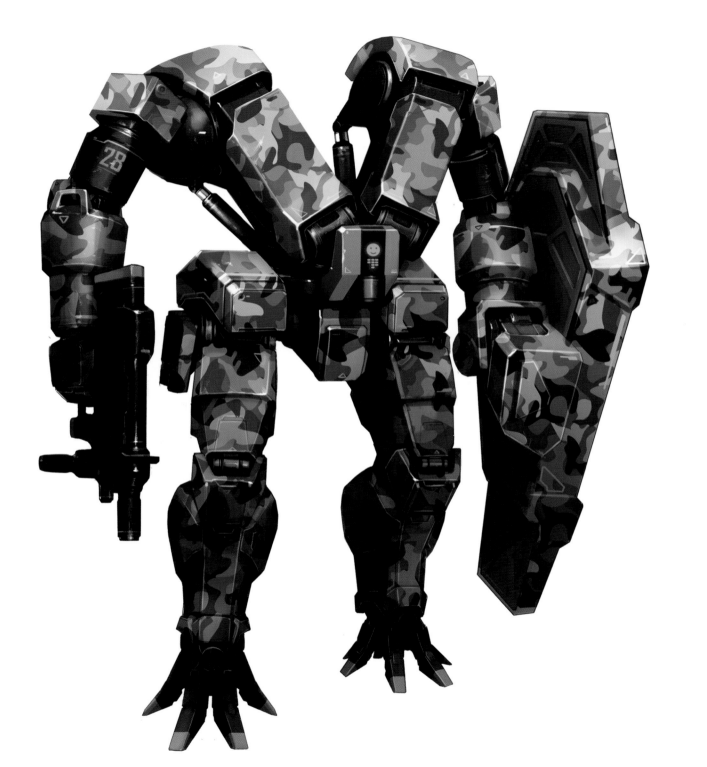

◀ 대기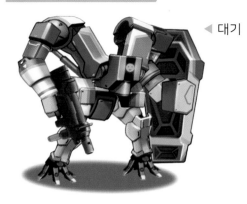

▼ 스킬 1

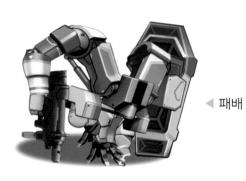 ◀ 패배

◀ 승리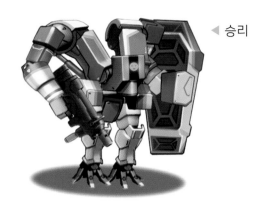

강철의 수호자 램파리온

 ◀ 대기

▼ 스킬 1

▼ 패배

승리 ▼

전쟁병기 램파트

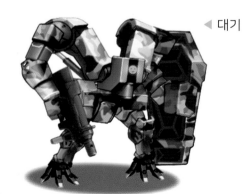 ◀ 대기

▼ 스킬 1

패배 ▼

 ◀ 승리

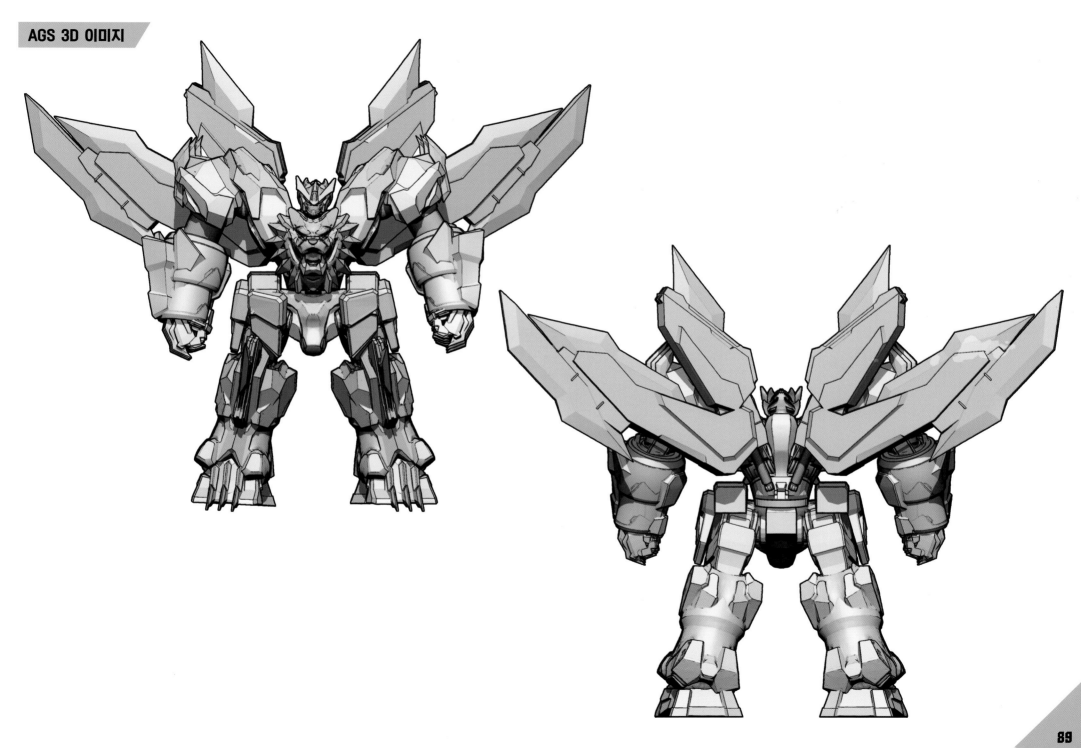

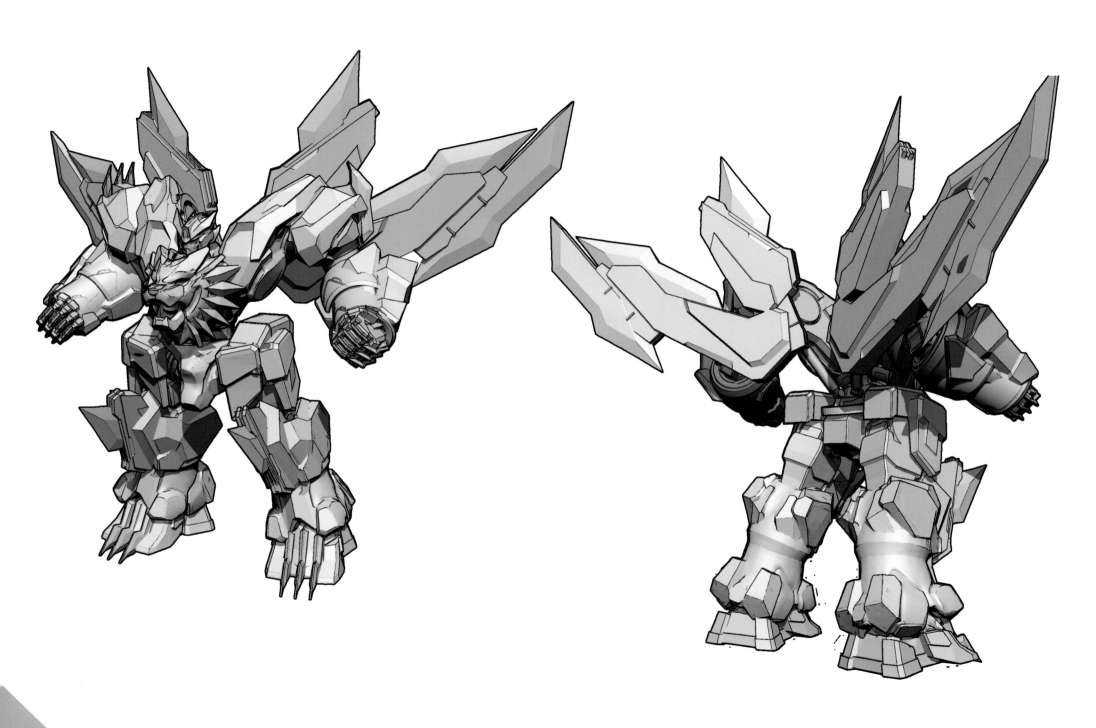

SD3M 펍 헤드

제조사 오메가 산업 ▌ **최초 제조지** 미국 ▌ **타입** 경장형
역할 지원기 ▌ **전고** 1.2m ▌ **중량** 0.305t
전투 스타일 Police dog ▌ **무장** HV Stun gun / HPC Chain Rope

안녕하신가. 내 이름은 펍 헤드. 6급 경찰 공무원 로봇이지.
응? 왜 놀라는 얼굴이지?

난 거리의 용이한 순찰과 돌발적 범죄자에 대한 체포를 위해 태어난
로봇이라네. 덕분에 로봇치고는 컴팩트한 사이즈와 굉장히 사용처가
용이한 스턴 건을 가지게 되었지.

안타깝게도 난 이걸로 범죄자를 체포한 것보다는 철충을 상대한 세
월이 더 길다네. 만약 언젠가 우리가 철충을 완전히 제압할 수 있다
면 난 안전한 사회를 위해 범죄자를 상대하는 그런 일로 돌아갈 수
있겠지. 사실 그게 내가 바라는 가장 큰 소원이라네.

░ 캐릭터 아이콘

캐릭터 디자인 : 메카셔군

펌 헤드 기본 스킨

대기 ▶

◀ 피격

패배 ▼

▼ 승리

스킬 1 ▶

19

PUBLIC
SERVANT

펙스 컨소시엄의 산업용 바이오로이드 라인업.

펙스 컨소시엄은 바이오로이드의 판매보다 임대를 주요 수익 원으로 하고 있었는데, 세계에 존재하는 산업의 종류만큼 다 양한 바이오로이드가 생산되었던 만큼 압도적이라 할 정도로 폭넓은 라인업을 자랑하고 있다.

인간의 멸망 이후, 퍼블릭 서번트 시리즈의 바이오로이드들 은 주로 비서 레모네이드라 불린 바이오로이드의 지령을 받 아 행동하고 있었으나, 모종의 원인으로 그녀와의 통신이 갑 작스럽게 끊어진 후, 일부는 자신의 일터를 지키는 것을, 나 머지는 라비아타의 저항군에 합류해 전투를 지속하는 것을 택했다.

PUBLIC SERVANT

~ Wise consumer choice ~

익스프레스 76

제조사 블라디미르 ▎ **최초 제조지** 러시아 ▎ **타입** 기동형
역할 지원기 ▎ **신장** 164cm ▎ **체중** 49kg
신체 연령 (만) 20세 ▎ **전투 스타일** Delivery Girl
무장 Automatic Crane

안녕? 나는 PECS Express의 최우수 직원! 익스프레스 76이라고 해. 만나서 정말 정말 반가워! 나에 대해서 궁금한 게 있어? 아하하… 연락처는 안 돼. 규정상 금지라구. 정말 미안해 사령관.

뭐! 사실 사령관이 평범하게 물어봐 주니, 옛 생각이 나서 기분이 좋긴 해. 철충들이 나타나기 전엔 우리 택배를 받고 즐거워하는 고객들을 보면서 매일 매일 보람? 뿌듯함? 그런 걸 느끼며 지낼 수 있었거든. 그런데… 이젠 회사라 할 만한 것도 사람들에게 전달할 물품도 없으니 우리 특성을 살려서 주로 철충과 맞서 싸우는 세력들의 보급을 담당하고 있어.

뭐어? PECS가 민간 기업이라, 군용보다 신뢰성이 떨어지는 것 같다구? 으! 사령관이 잘 몰라서 그런가 본데, 어서 물품이랑 목적지만 불러 줘. 얼마 안 돼서 아마 깜짝 놀라게 될 걸? 흐음~? 사령관님이 당장 보낼 게 없다면 배송이 밀려서 나는 이만 실례~! 다음에 봐요!

▦ 캐릭터 아이콘

캐릭터 디자인 : PaintAle

캐릭터 아이콘

◀ 대기　　　　　◀ 스킬 2　　　　　승리 ▶　　　▼ 패배

◀ 대기　　　　　◀ 스킬 2　　　　　▼ 패배　　　승리 ▶

캐릭터 시안&러프

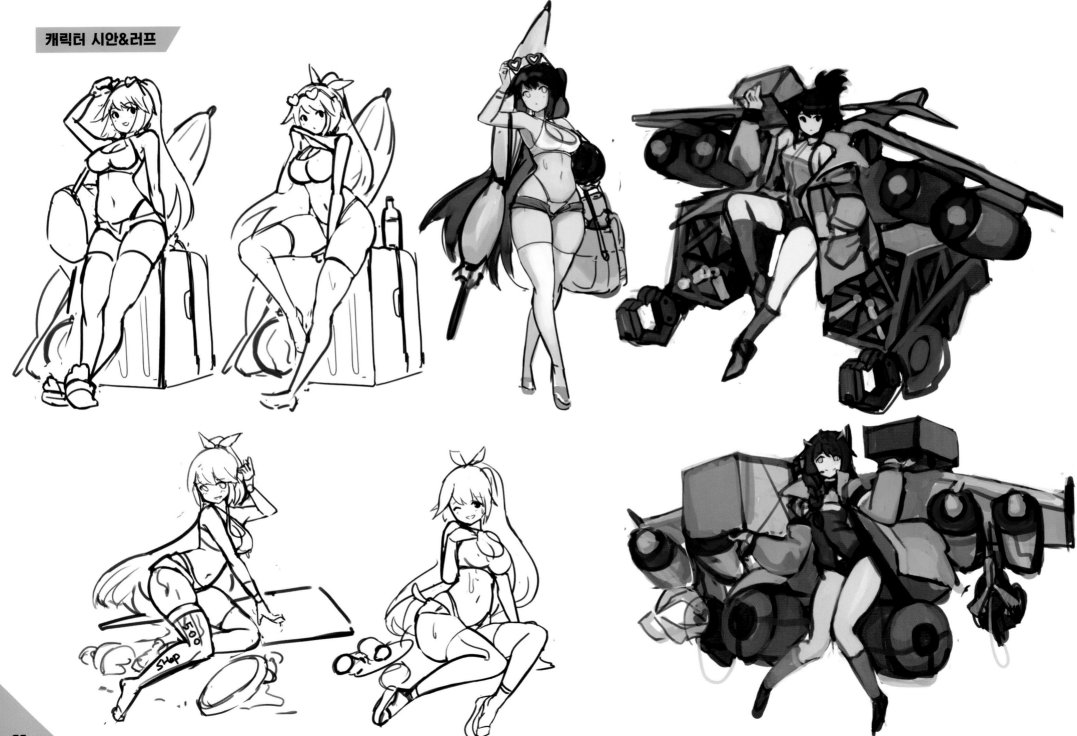

NO.117

포츈

제조사 펙스 컨소시엄 ┃ **최초 제조지** 미국 ┃ **타입** 경장형 ┃ **역할** 보호기
신장 172cm ┃ **체중** 65kg ┃ **신체 연령** (만) 31세
전투 스타일 Technician ┃ **무장** Rivet Gun / Defensive Field Generator

어머? 이런 곳까지 찾아오다니. 이 누나는 너무 기쁜 거 있지?
누나 이름은 포츈이야. 잘 부탁해 사령관.

사령관이 보다시피, 누난 엔지니어야. 만약 기계가 고장나면 누나만 찾아오면 해결되거든. 번호표 뽑고, 거기 소파에 앉아 있으면 금방 해결될 거야. 후후~ 방금건 농담이야. 정비실에 마실 것이 잔뜩 있으니까, 매일매일 놀러 와.

세계가 이렇게 되기 전까지, 누난 클로버에서 연구개발도 병행했거든? 후후~ 옛날 기억이 나네. 이 포츈 누나가 발명한 게 좀 많아서, 사내에서 누나는 완전 스타였지. 하지만 로봇 아이들을 만져 주다가 기름 묻은 손으로 곧장 연구실로 들어오면 직원들 표정이 완~전 굳어 버리는 거 있지? 그래서 누나는 등에 헬퍼를 달고다녔어. 그런데… 이젠 이 헬퍼 없이는 누나 너무 귀찮아서 드러누울 거야.

후후~ 사령관? 철충을 상대하는데, 꼭 군대가 필요한 건 아니거든~. 우리 사령관이 로봇을 다룰 수 있을 때, 이 누나가 힘이 되어 줄게. 누나는 이쪽 분야에서 최고였으니까. 누나가 확실하게 서포트해 줄 수 있어.

▦ 캐릭터 아이콘

캐릭터 디자인 : SIMA

캐릭터 아이콘

◀ 대기

◀ 스킬 1

◀ 스킬 2

패배 ▼

승리 ▶

심해정비공 포츈

▼ 대기

◀ 스킬 1

◀ 스킬 2

▼ 패배

승리 ▶

NO.118 LRL

제조사 펙스 컨소시엄 ▮ **최초 제조지** 일본 ▮ **타입** 경장형 ▮ **역할** 지원기
신장 122cm ▮ **체중** 24kg ▮ **신체 연령** (만) 10세
전투 스타일 Ancient Cyclops Princess ▮ **무장** Dragon Slayer

큭. 큭. 큭 잘도 찾아왔구나 인간. 짐은 유구의 세월을 기다렸도다.
짐을 '사이클롭스 프린세스'로 칭하는 것을 특별히 허락해 주겠노라.
좋다. 고개를 들어라.

히익!? 아둔한 녀석! 짐의 눈을 정면에서 바라볼 생각이냐? 짐의 사안은 칠흑의 바다를 비추는 광휘! 평범한 인간으로는 버텨낼 수 없을… 앗싸! 참치! 이거 나 먹어도 돼? 고마워!!

냠냠… 그래서 뭐가 궁금해? 나? 퍼블릭 음… 아무튼 거기에서, 날 등대로 보냈어. 처음에는… 냠냠… 바다에 배들 있지? 거기에 빛만 비춰 주면 된대. 그래서 열심히 했어. 근데, 무슨 '철충'이 쳐들어 왔대. 냠냠… 그리고… 아무리 기다려도 교대가 안 왔어. 참치… 하나 더 먹어도 돼? 우햐! 고마워! 냠냠… 나는 계속 다락방에서 책 보면서 기다렸지. 회사에서 나 구해주러 올 줄 알았거든. 난 진짜 진짜 집에 가고 싶었는데….

교… 교활하구나 인간! 고작 참치 따위로 짐을 현혹시키려 들다니!
하지만, 이 몸의 과거는 절대 알 수 없을 터!

으응?! 벌써 다 말했다구…? 어어…?

캐릭터 아이콘

캐릭터 디자인 : Kakiman

105

캐릭터 아이콘

대기 ▶

◀ 스킬 1

◀ 스킬 2

패배 ▼

◀ 승리

고스로리 LRL

◀ 대기

스킬 2 ▶

패배 ▼

◀ 승리

마이티R

제조사 펙스 컨소시엄 **ǀ 최초 제조지** 미국 **ǀ 타입** 경장형
역할 지원기 **ǀ 신장** 165cm **ǀ 체중** 58kg **ǀ 신체 연령** (만) 25세
전투 스타일 Trainer **ǀ 무장** Bulkup Strength

안녕하세요? 사령관님. 이런 시간에 만나 뵙다니 조금 놀랐어요.
저는 '마이티R' 이라고 해요.. 편하게 마이티라 불러도 좋아요.

저는 PECS의 산업용 바이오로이드 라인업과는 달리, 순수하게 홍보용으
로 제조되었지요. 흔히들 말하는 기업의 간판이랄까요? 후훗. 더 젊고! 더
건강한! 미래의 PECS!

후훗~! 저의 장점이요? 보시다시피… 흠잡을 곳 없는 바디라인이라고 할
수 있겠죠. 아하하! 제 입으로 말하려니 역시 부끄럽네요. 제 몸이 쇼윈도
바디가 아니라는 건, 제가 지금 당장이라도 증명해 보일 수 있어요.

철충을 때려눕히는 일에, 굳이 화약이 필요한가요? 이 바벨이 철충을 상대하
는 데 얼마나 효과적인지는 직접 확인해 보시는 게 좋을 거에요. 사령관이 묵
직한 한 방을 원하시면, 제가 확실하게 만족시켜 드릴 수 있지요.

▓ 캐릭터 아이콘

캐릭터 디자인 : SIMA

◀ 대기

◀ 피격

◀ 스킬 1

▼ 패배

◀ 승리

제조사 펙스 컨소시엄 ▎ **최초 제조지** 홍콩 ▎ **타입** 경장형 ▎ **역할** 공격기
신장 162cm ▎ **체중** 55kg ▎ **신체 연령** (만) 18세
전투 스타일 Martial Artist ▎ **무장** Explosive Grenade

안녕. 주인?
내 이름은 '티에치엔'이라고 해. 만나서 반가워.

난 세상이 멸망하기 전까지는 유명한 체육관의 무술 사범이었어. 꽤 많은 사람들에게 가르침을 줬었지. 하지만 지금은 방랑 무사 정도 되려나? 후훗! 물론 내가 떠돌이긴 해도, 목적도 없이 헤메는 다른 친구들이랑은 격이 다르다구.

그리고… 이건 주인에게만 알려주는 비밀인데, 사실 나는 '기'를 다룰 수 있어. 어때? 놀랐지?

…뭐야 그 표정은? 이 티에치엔의 말을 못 믿는 눈치인데, 잘 봐. 이 '톤파'에 내 '기'를 불어 넣고 때리면. 철충이고 뭐고….

어어?! 잠깐! 그렇게 들여다볼 필요는 없잖아! 어서~ 돌려줘~.
내 꺼란 말이야~.

……유탄 같은 거 아니거든? ……부대에서 훔친 거 아니거든…?

아무튼, 이건 '기'야. 확인했지? 그럼 나 먼저 간다~!

▦ 캐릭터 아이콘

캐릭터 디자인 : SIMA

캐릭터 아이콘

대기 ▶

◀ 피격

◀ 스킬 2

승리 ▶

패배 ▼

수련 후의 티에치엔

대기 ▶

▼ 피격

◀ 스킬 2

승리 ▶

패배 ▼

113

싸커킥
티에

체육신생
티에

폴리스 티에

간약용 최류
(2번스킬)

전도요원 티에

형사
톤아이
티에

잠입요원
티에

간도셀 에시

커넥터 유미

제조사 펙스 컨소시엄 ▮ **최초 제조지** 일본 ▮ **타입** 경장형
역할 지원기 ▮ **신장** 148cm ▮ **체중** 39kg
신체 연령 (만) 22세 ▮ **전투 스타일** Base Station
무장 Wireless Amplifier "Lonely Cross"

헤헤… 반가워요.
제 이름은 커넥터 유미. 이지적이고 유능한 도시의 커리어 우먼이죠.
…근무는 오지에서 했지만요.

전 PECS 사의 "온 세상 서비스" 프로젝트의 일환으로 태어났어요. 제 임무는 전파망이 닿지 않는 곳에 가서 이동식 통신망 서비스를 최선을 다하는 거였죠. 애리조나의 모래 사막에서도 와이오밍의 숲에서도 유타의 소금 사막에서도요. 열심히, 열심히 해서 인간님들은 전 세계 어디에서든지 통신망을 이용할 수 있게 되었죠. 좀 외롭긴 했지만 여기까진 좋았어요….

흑… 모두가 아는 슬픈 이야긴 여기까지만 하고… 우린 그 멸망에서도 오지에 있었던 덕분에 그래도 많이 살아남을 수 있었어요. 그리고 레모네이드 양의 지시에 따라 라비아타 양의 바이오로이드 부대와 합류했죠. 그 뒤엔 음… 통신병으로 열심히 싸웠어요. 커리어 우먼답게 수많은 어려운 작전을 성공시켰죠. 물론… 많은 자매들이 쓰러지긴 했지만요.

지금도 우린 통신병으로 활약하고 있어요. 피곤하고 힘든 일이지만 이겨낼 수 있어요. 전 만능 커리어 우먼이니까요.

⣿ 캐릭터 아이콘

캐릭터 디자인 : Rorobomb

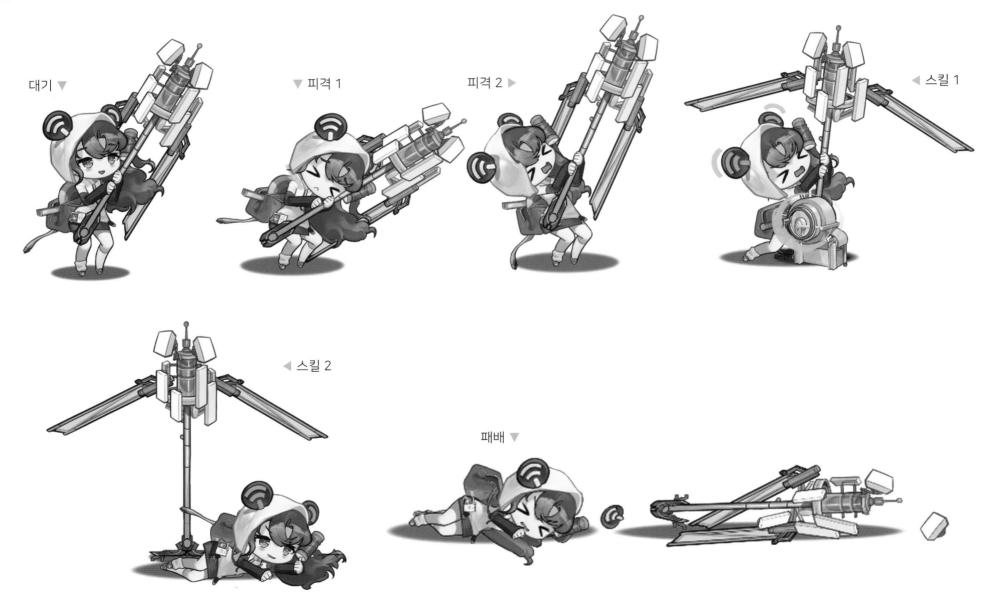

대기 ▼

▼ 피격 1

피격 2 ▶

◀ 스킬 1

◀ 스킬 2

패배 ▼

엘븐 포레스트 메이커

NO.133

제조사 펙스 컨소시엄 ▎ **최초 제조지** 미국 ▎ **타입** 중장형
역할 지원기 ▎ **신장** 152cm ▎ **체중** 50kg ▎ **신체 연령** (만) 19세
전투 스타일 Forest ▎ **무장** Forest Making Gear

캐릭터 디자인 : SNOWBALL

안녕, 안녕! 만나서 반가워요!
전 요정의 숲을 만드는 엘프. 엘븐 포레스트 메이커예요.

제 귀를 보면 아시겠지만 전 숲을 보호하고 다시 일으키기 위해 태어난 바이오로이드예요. 수많은 전쟁과 무분별한 개발은 전 세계의 삼림을 초토화시켰죠. 뭐, 인간님들은 언제나처럼 후회를 했고 제가 태어났어요.

연합 전쟁 이후 태어난 전 전쟁보다는 좀더 생산적인 일을 담당했어요. 말라 버린 숲에 물을 주고 황무지가 되어 버린 땅에 강인한 나무를 심고 지키는 일이었죠. 제가 활약한 덕분에 아메리카 대륙의 숲은 활기를 되찾았고 불법 벌목꾼들도 사라졌어요. 뭐 어떤 사람들은 그게 펙스의 이미지 메이킹이란 말도 하는데… 알 게 뭐예요? 제 덕분에 얼마나 많은 나무들이 살아났는데요.

어이없게도 인간님들은 철충 때문에 그걸 누리시진 못했지만 말이에요.

멸망한 이후에는 조금 더 폭력적인 쪽으로 임무가 바뀌었어요. 지금은 숲만큼이나 생존이 중요해졌으니 말이죠. 제 급수기의 수압은 높아져 멀리 있는 적도 맞추게 되었고, 나무를 심던 기계 팔은 이젠 철충을 부수게 되었죠.

아, 슬프냐고요? 천만에요! 스트레스도 풀고 좋은걸요? 헤헤.

▦ 캐릭터 아이콘

캐릭터 아이콘

대기 ▼ 　스킬 2 ▶ 　▼ 패배 　◀ 승리

카우걸 비키니

대기 ▼ 　스킬 2 ▶ 　▼ 패배 　◀ 승리

이그니스

제조사 골든 폰 사이언스 ▮ **최초 제조지** 미국 ▮ **타입** 중장형
역할 보호기 ▮ **신장** 168cm ▮ **체중** 65kg ▮ **신체 연령** (만) 18세
전투 스타일 Burner ▮ **무장** Agni Gear

음… 만나서 반갑습니다….
전 이그니스… 폐기장의 소각자, 이그니스예요.
전 골든 폰 사이언스에서 태어났어요.

전 폐기물의 소각을 위해 태어났어요. 전쟁이 터진 세계에서는 그러니까… 태워야 할 게 넘쳐났어요. 전 처음에는 그냥 조용히… 세상에서 태워야 할 걸 태우고 있었죠. 가끔씩은… 에… 회사랑 정부가 싸운단 이야긴 들었는데… 화염 방사기 개조가 되긴 했는데 전 성격이 전쟁에 안 맞다고… 전장에 나가진 않았어요.

어느새 회사와 정부, 그리고 회사와 회사가 전쟁을 마치고 이번엔 이상한 괴물이 인간님들을 공격하고 있었어요. 슬픈 일이었죠. …싸우지 않고 모두 친하게 지냈으면… 어쩌면 괴물들에게 인간님들이 당하지 않았을 테니까요. 전 이번에는 최선을 다해서 싸웠지만… 인간의 멸망도 우리의 멸망도 막지 못했어요.

레모네이드 양 덕분에 제가 되살아난 뒤에 제가 제일 먼저 한 일은 레모네이드 양에게 합류하는 것이 아니라 저항군에 합류하는 것이었어요. 레모네이드 양은 화를 냈지만, 레모네이드 양만큼이나 오래된 전 레모네이드 양의 말을 꼭 들을 필요는 없었죠.

지금 전 싸우고 있어요. 지금은…너무 슬픈 세상이니까… 제가 폐기물만 태울 수 있는… 좀 더 좋은 세상이 오도록 말이죠.

캐릭터 디자인 : SIMA

 ◀ 대기

 ◀ 피격 1

 ◀ 피격 2

 ◀ 스킬 2

 ◀ 승리

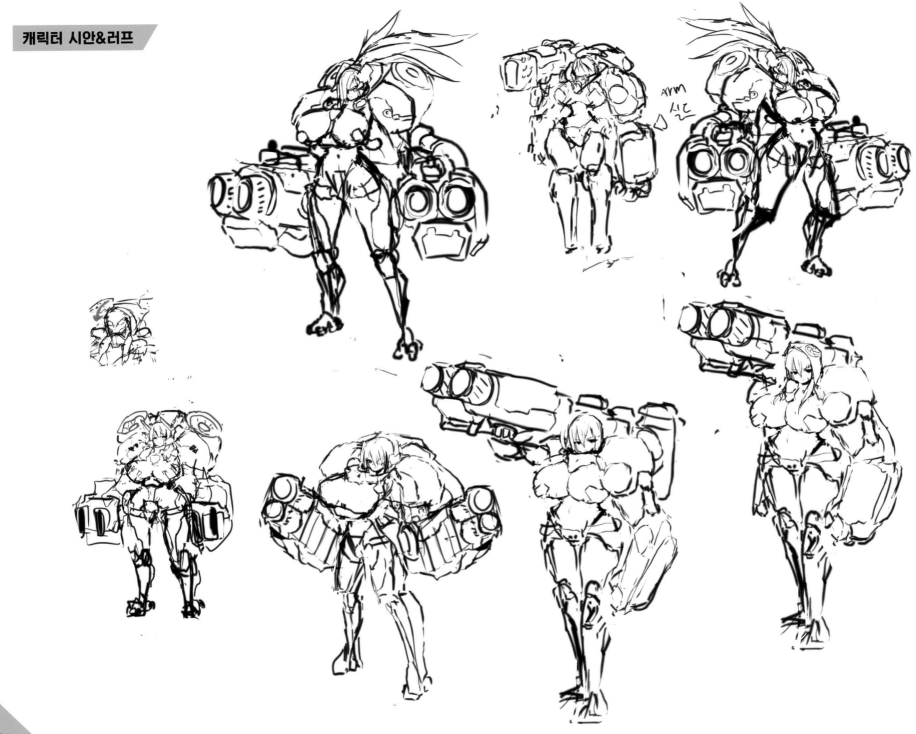

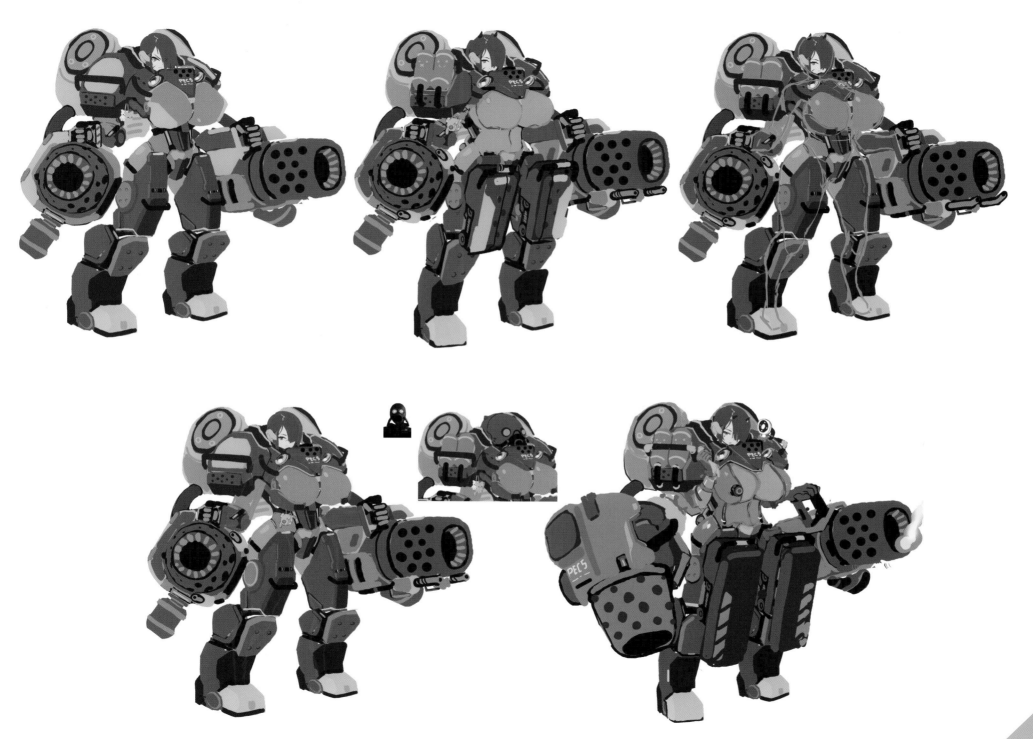

다크 엘븐 포레스트 레인저

제조사 펙스 컨소시엄 | **최초 제조지** 미국 | **타입** 경장형
역할 공격기 | **신장** 149cm | **체중** 54kg | **신체 연령** (만) 17세
전투 스타일 Ranger | **무장** Double Barrel Shotgun (10gauge) / Eagle

내 소개? 이름은 다크 엘븐 포레스트 레인저.
'삼림 자원 관리용 엘프형 바이오로이드'라고 하면 이해가 빠르려나?

보다시피, 난 엘븐과 같은 '포레스트' 시리즈로 태어났어. 엘븐과 나는 같은 엘프
형 바이오로이드지만, 하는 일은 서로 조금 달랐지. 엘븐은 주로 숲을 가꾸는 일
을 하고, 난 엘븐이 가꾼 숲을 '관리'하는 역할을 맡고 있었대. '관리'라고 해 봐야
주로 하는 일은 인간님들이 애용하던 캠핑이나 레크리에이션을 돕는 정도였을
테지.

우릴 보면 알겠지만, PECS는 산림에 정말 관심이 많았어. 물론 기업의 이미지
메이킹이다, 자원 독점욕이다… 말도 많았지만, 솔직히 전쟁 때문에 정부까지
손을 놓아 버린 상태에서 우리 말고 누가 숲을 재건할 수 있었겠어? 그렇게 떠들
시간 있으면, 숲에 나무 한 그루라도 더 심는 게 서로에게 훨씬 도움이 됐을 텐데
말이야. 뭐… 생각해 보면 결국엔 세상이 멸망해 버릴 테니… 그것도 부질없는
짓이었겠네….

아무튼 멸망 이후엔 복원된 우리들은 여기저기서 철충들과 맞서 싸우고 있어.
이 샷건은 철충에게도 제법 잘 들어서 호신 정도는 가뿐하게… 응? 어째서 산림
자원 관리를 하는 데 샷건이 필요했냐고? 그건… PECS에 문의해 보는 게 더 빠
르지 않을까?

▦ 캐릭터 아이콘

캐릭터 디자인 : SNOWBALL

다크 엘븐 포레스트 레인저 기본 스킨

◀ 대기

패배 ▼

승리 ▶

▼ 스킬 1

◀ 스킬 2

PUBLIC SERVANT
FOREST SERVICE

FOREST SERVICE

AMUSE
ATTENDANT

퍼블릭 서번트 라인업은 막대한 공공 수요를 바탕으로 커다란 부를 안겨주었다. 하지만 펙스 컨소시엄의 수장들은 거기서 만족하지 않았다.

명령을 받은 비서 레모네이드는 시장 분석 결과를 통해 민간 시장의 틈을 파고들 것을 제안했고, 이를 통해 각종 민간용 라인업들이 세상으로 나오게 되었다.

이렇게 탄생한 라인업 가운데 하나인 Amuse Attendant, 통칭 「AA」 시리즈는 아름다운 외형과 투철한 서비스 정신으로 선풍적인 인기를 끌었고 이내 테마파크, 경기장 등 전 세계의 오락시설에서 그 모습을 볼 수 있게 되었다.

하지만 철충의 침공이 시작되자 인간은 그들을 버려 두고 후퇴했다. 남겨진 그들의 심정은 알 수 없으나, 백 년이 넘는 세월 동안 자신의 일터를 지켜낸 사례가 종종 발견되었다.

지금은 살아남은 개체는 물론, 재생산된 개체도 모두가 저항군에 합류하여 자신들의 터전을 되찾고자 철충과 싸우고 있다.

Amuse Attendant

~ Amuse always ~

캐럴라이나

제조사 펙스 컨소시엄 ▌ **최초 제조지** 미국 ▌ **타입** 경장형
역할 지원기 ▌ **신장** 158cm ▌ **체중** 63kg ▌ **신체 연령** (만) 22세
전투 스타일 Cheer Roid ▌ **무장** Pom-Pom! Power who? Speaker!

예~! 반가워 사령관. 내 이름은 캐럴, 들어본 적 있지?

난 원래 경기를 위한 치어리더로 설계됐어. 난 치어리더니까, 인간님들끼리 경기를 할 때 가끔씩 투입되곤 했지. 우린 경기의 주인공은 아니었지만 이런 캐럴을 사랑해 주는 분들도 분명 많았으니까 언제나 힘낼 수 있었어.

그런데 어느 날 '그 사건'이 일어나게 된 거야.

몇몇 모델들이 제조 단계 때 과다하게 자원이 주입돼서 우리 몸 이곳저곳이 엄청나게… 그… 커져 버렸다고 해야 하나?

몸이 불어나서 정말 곤란했다고! 초기 모델들이랑은 완전히 다른 체형이 되어 버린 거잖아? 기존 안무를 소화하는 데 숨이 찰 정도였다고. 이미 치어리더로서는 끝장이라고 펑펑 우는 친구들도 있었어….

그런데 인간님들이란 참 알다가도 모르겠단 말이지. 제조상 오류로 만들어진 우리 '캐럴'들이 기존 치어걸 바이오로이드들을 밀어내고 최고가 되다니 말이야.

그 뒤, 수많은 일들 뒤에도 캐럴은 살아남아서 전장 곳곳에서 병사들을 응원하고 있어. 병사들의 사기는 맡겨 줘. 캐럴과 함께라면 신나는 전쟁을 할 수 있을 거야~!

⠿ 캐릭터 아이콘

캐릭터 디자인 : Kakiman

캐릭터 아이콘

／ 치어 래빗

키르케

캐릭터 디자인 : Rorobomb

제조사 펙스 컨소시엄 ▌ **최초 제조지** 일본 ▌ **타입** 기동형
역할 지원기 ▌ **신장** 179cm ▌ **체중** 56kg
신체 연령 (만) 28세 ▌ **전투 스타일** Witch
무장 Pumpkin IED / Magical Broom / Robot Familiar

어머? 여기까지 오실 줄은 몰랐는데…
일단… 이렇게 만난 것도 인연인데… 저와 한 잔 하면서 이야기를 들어 보실래요? 후훗, 좋아요. 쭉~ 들이키세요.

반가워요. 제 이름은 키르케.
한때는 테마파크를 관리하고 있던 유능한 마녀였죠.

말씀드린 대로 제가 있던 곳은 한 외딴 지역의 테마파크였어요. 하늘에서 철충들이 비처럼 쏟아지던 멸망의 날. 전 그곳을 지키기 위해 제가 할 수 있는 모든 걸 다 했어요. 전 물러설 생각이 전혀 없었어요. 왜냐구요? 뭐… 별 볼 일 없다면 별 볼 일 없는 제 직장이지만. 어쨌든… 제 하나밖에 없는 일터라고요!

철충들이 이 목숨을 위협해 봤자, 제 빗자루와 몇 가지 신비한 포션들만 있다면, 저도 철충들을 얼마든지 농락할 능력이 있다구요.
아, 물론… 제 귀여운 패밀리어들과 함께 말이죠. 후훗~!

그렇게 제 노력은 결실을 맺었고, 겨우겨우 철충들을 막아낼 순 있었지요.

휴~! 여기까지가… 현재 상황이에요. 어때요? 저와 함께… 제 고향을 지켜 주실 수 있나요? 만 성공적으로 해결해 주시면… 제가 한 잔 사 드리고… 둘 다 기분 좋은 상태에서…… 더 즐거운 것도 해드릴 수 있는데…? 후훗~!

캐릭터 아이콘

◀ 대기

◀ 이동

▼ 패배

스킬 1 ▶

스킬 2 ▶

승리 ▶

21

D-ENTER TAINMENT

모든 연예용 바이오로이드가 낮은 전투력을 가지고 있는 것은 아니었다.

일본의 연예용 바이오로이드 업체인 덴세츠 사이언스의 라인업인 D-엔터테인먼트의 바이오로이드는 그중에서도 굉장히 특이한 타입이었는데, 실감나는 연기와 엔터테인먼트를 위해 신체 능력과 내구성이 대단히 뛰어나며 우수한 전투 능력을 지니도록 만들어진 바이오로이드 시리즈였다.

따라서 D-엔터테인먼트의 쇼를 위해 만들어진 바이오로이드는 모두가 서로에게 진검을 휘두르고 실탄을 사격할 수 있는 노련한 배우이자 전사이기도 했다.

결국, 자신들을 만든 인간들은 멸망했지만 D-엔터테인먼트의 바이오로이드들은 자신들의 적성을 살려 가짜 전투가 아닌 철충과의 '진짜' 전투를 시작했으며, 일부는 라비아타의 저항군에 합류해 자신의 강력한 전투 능력을 충분히 발휘했다.

D-ENTERTAINMENT

~ Reality more than reality ~

프레스터 요안나

제조사 덴세츠 사이언스 ▌ **최초 제조지** 에티오피아 ▌ **타입** 경장형
역할 보호기 ▌ **신장** 164cm ▌ **체중** 53kg ▌ **신체 연령** (만) 26세
전투 스타일 Knight Queen ▌ **무장** Durandal. C / Energy Kite Shield

흠, 모두들 짐의 영광스러운 모습을 보게나!
과거 유럽의 크리스천들이 찾아 헤매던 영광스러운 동방의 기독 군주. 이방의 십자군 왕 프레스터 요안나가 여기 있다네.

엄밀히 말하면 짐은 과거의 프레스터 요안나와는 약간의 차이가 있다네. 짐은 정확히 말하면 프레스터 요한 또는 요안나 여왕의 그림자 같은 존재라네. TV 드라마라는 곳에서 과거의 영광을 되살리기 위해 다시 살아난 메아리 같은 존재지. 하지만 짐이 과거의 프레스터와 같은 용맹이 있다는 것은 틀림없는 사실이지. 짐은 어려서부터 검술을 단련했고 새로운 몸이 지닌 용력까지 합한다면 오히려 과거 이상이라 볼 수 있네.

안타깝게도 짐의 주군들인 인간이 멸망하면서 이제 그 영광을 TV를 통해 보여줄 수는 없게 되어 어쩔 수 없이 짐은 직접 전장에서 그 무용을 드러낼 것을 다짐했다네. 모두들 보게 될 걸세. 짐의 용맹의 광휘가 전장을 비추는 모습을.

▦ 캐릭터 아이콘

캐릭터 디자인 : Kakiman

요안나 기본 스킨

◀ 대기

◀ 패배

스킬 1 ▶

◀ 승리

◀ 스킬 2

Side

마법소녀 매지컬 모모

제조사 덴세츠 사이언스 ▮ **최초 제조지** 일본
타입 기동형 ▮ **역할** 공격기 ▮ **신장** 143.7cm ▮ **체중** 35kg
신체 연령 (만) 16세 ▮ **전투 스타일** Mage
무장 Momo's Magic Wand(RPG Type) / Magical Titanium Katana

안녕하세요. 어린이 친구들! 여러분의 사무라이 마법 소녀 모모예요!
여러분의 간절한 마음이 마법 세계에 전해져서 이렇게 오게 되었답니다!

모모는 여러분의 웃음을 지키기 위해 철충들과 싸우고 있어요. 지구를 침략한 우주 괴물은 이 모모가 뾰로롱 매지컬 모모로 변신해서 해치울 테니 걱정 말아요. 이 모모는 철충과 싸우기 위해 많은 마법을 가지고 있으니까요. 모모의 요술봉과 마법의 티타늄 합금 카타나, 그리고 어린이 친구들의 착하고 선한 마음이 모이면 무찌르지 못할 적은 없어요.

헤헤. 마법소녀 매지컬 모모에서 이 세계를 침략하는 뽀끄루 마왕을 물리쳤던 것처럼 모모는 철충 괴물들도 물리칠 거예요. 그리고 (곧 생길) 어린이들에게 꿈과 희망, 그리고 웃음을 되찾아 드릴게요.

모모에게 맡겨 두라구요!

▦ 캐릭터 아이콘

캐릭터 디자인 : Rorobomb

::::: 캐릭터 아이콘

◀ 대기

◀ 피격

◀ 스킬 2

◀ 승리

달의 모모 변신 코스튬

◀ 대기

▼ 스킬 1

◀ 스킬 2

◀ 승리

질주하는 아탈란테

제조사 덴세츠 사이언스 ∣ **최초 제조지** 일본 ∣ **타입** 경장형
역할 보호기 ∣ **신장** 166.4cm ∣ **체중** 55.1kg ∣ **신체 연령** (만) 20세
전투 스타일 Hunter ∣ **무장** Tusk of Kalidon / Pelta of Arcadia

캐릭터 아이콘

사람들은 말하죠. 영원한 것은 없다고. 영광은 쉽게 쇠하고 이야기는 바람에 잊혀진다고. 그러니 세상에 울려 퍼지는 명성도 곧 사라질 거라고. 그래서 전 대답했죠. 쇠한 영광을 되살리고 잊혀진 이야기를 노래하겠노라고.

전, 그리스 최고의 여전사이자 무장 공주 아탈란테입니다. 과거, 칼리돈의 맹수를 사냥했고 누구보다도 빠른 발을 가지고 있던 아카디아의 영웅이었죠. 아카디아의 영광은 사라지고 제 이야기도 잊혀졌지만, 절 그리워하는 사람들은 있었고 그 사람들이 현세에 절 불러냈죠. 전 사람들에게 칼리돈의 맹수와 싸우던 제 영광스러운 이야기를 직접 보여주기 위해 부활했습니다.

인간들이 살아 있던 시절, 전 매주 칼리돈의 맹수와 싸웠습니다. 패배는 없었죠. 그리고 사람들은 제게 새로운 영광을 요구하더군요. 다른 맹수를 사냥할 수 있는지를. 전 목숨을 걸고 제 용맹을 증명했어요. 물론 그 과정에서 제 목숨을 버린 적도 있었지만 결코 후회는 없었죠. 적어도 제가 죽음을 두려워하지 않는 전사라는 것을 증명했으니까요. 그리고 죽음의 순간까지도 제게 환호가 쏟아졌으니까.

지금은 새로운 영광을 찾고 있어요. 철충이라는 한 번도 들어보지 못한 괴물이 세계를 멸망시켰더군요. 새로이 부활한 저는 이 강철 짐승을 사냥할 생각이에요. 이 강철 짐승이 제게 새로운 영광을 가져다주겠죠.

캐릭터 디자인 : Kakiman

◀ 대기

◀ 피격

◀ 패배

◀ 스킬 1

◀ 스킬 2

◀ 승리

147

샬럿

NO.125

제조사 덴세츠 사이언스 ┃ **최초 제조지** 프랑스 ┃ **타입** 경장형
역할 공격기 ┃ **신장** 162cm ┃ **체중** 51kg ┃ **신체 연령** (만) 20세
전투 스타일 Mousquetaire ┃ **무장** Beam Rapier / Flintlock Musket

이렇게 만나게 되어 정말 기뻐요!
제 이름은 '샬럿'. 총사대를 이끌고 있지요.

후훗. 미리 말씀드리자면, 저는 '덴세츠'에서 공연을 하기 위해 태어난 바이오로이
드랍니다. 인류가 멸망하기 이전에는, 당시 가장 인기 있는 시대극에서 주연을 맡
았었지요.

저는 그때 당시 대부분의 바이오로이드 공연이 그랬듯이, 화학탄이 든 머스킷과
빔 레이피어를 들고 연기를 했었죠. 음~. 부상에 관해서는 너무 걱정하지 않으셔
도 돼요. 저는 액션 연기에 충실하기 위해, 과거 검호들의 유전자를 일부 물려받
았거든요. 덕분에, 철충들이 날뛰는 세상에서도 제 검술과 사격술은 충분히 유효
하답니다.

저는 프랑스의 귀족 총사, 폐하를 모시는 충실한 신하, 샬럿이에요.
폐하께 품위 있는 호위를 약속드리겠어요.

▦ 캐릭터 아이콘

캐릭터 디자인 : SNOWBALL

프랑스 풍 보석 비키니

캐릭터 아이콘

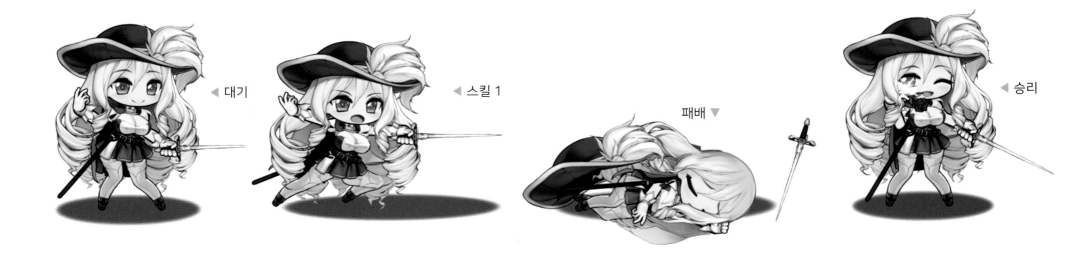

◀ 대기

◀ 스킬 1

패배 ▼

◀ 승리

/ 프랑스 풍 보석 비키니

◀ 대기

◀ 스킬 1

패배 ▼

◀ 승리

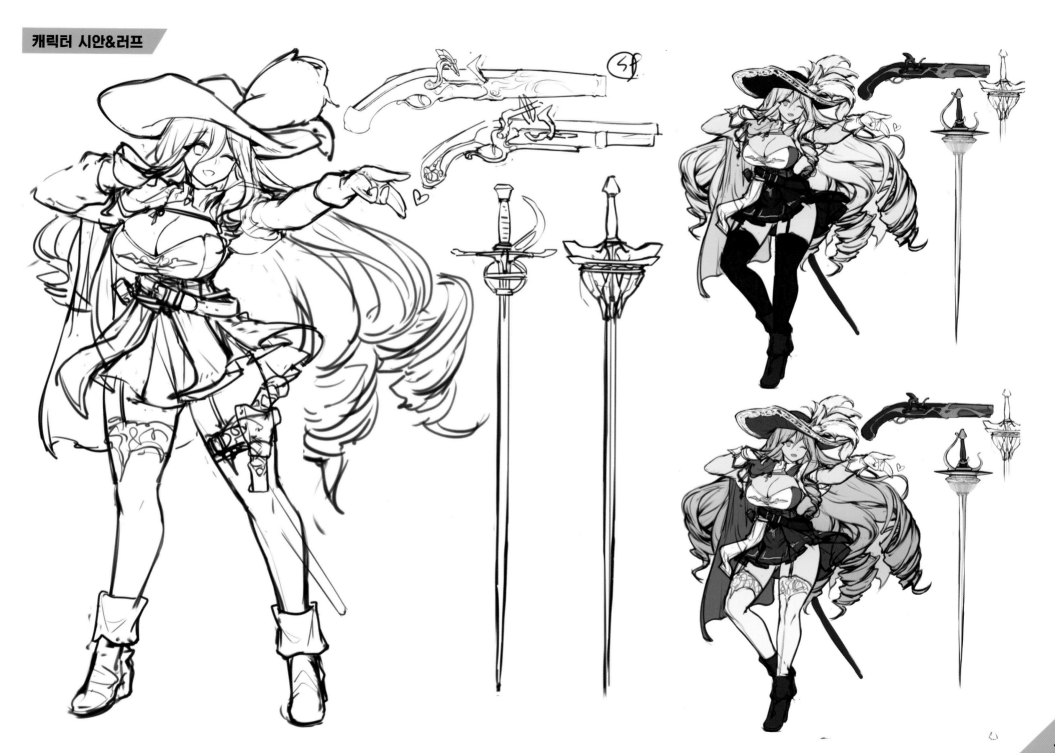

마법소녀 매지컬 백토

NO.127

제조사 덴세츠 사이언스 ▮ **최초 제조지** 일본 ▮ **타입** 경장형
역할 보호기 ▮ **신장** 153cm ▮ **체중** 41kg ▮ **신체 연령** (만) 16세
전투 스타일 Mage ▮ **무장** Magical Pink Moon Light

악한 자들에게 달의 징벌을. 만나서 반가워요.

제 이름은 백토. 평범한 지구인인 당신은 믿기 힘드시겠지만, 저는 사실 지구에 퍼져 가는 악을 막기 위해 달에서 온 마법 소녀에요. 달에 사는 모든 월인들과 선조 백토를 대신하여 정식으로 인사드리죠.

저는 세계정복을 꿈꾸는 사악한 뽀끄루 대마왕을 저지하기 위해 비밀리에 활동하고 있어요. 간악한 그녀는 달의 힘이 닿지 않는 어둡고 축축한 곳에서 지금도 천천히 그 세력을 늘려 가고 있는 상황이죠. 아마 이대로 가다가는 이 푸른 지구마저 그녀의 손아귀에 떨어지고 말 거에요.

제가 수적으로 불리한 만큼 상황이 그리 밝지만은 않다는 건, 저도 인정하죠. 하지만 저는 절대 포기하지 않아요. 왜냐하면 제 손엔 매지컬 핑크 문 라이트가 있고, 이렇게 저를 믿고 응원해 줄 선량한 지구인도 만났으니까요.

저는 마법 소녀로써 언제나 당신 곁에서 싸워 줄 것을 약속할게요.
그러니, 당신도 약속해 주세요. 절대 악에 굴복하지 않기로!

▚▚▚ 캐릭터 아이콘

캐릭터 디자인 : SIMA

백토, 더 비스트 슬레이어

▪▪▪▪ **캐릭터 아이콘**

▲ 대기　　　　▲ 스킬 1　　　　▲ 스킬 2　　　　▲ 패배　　　　▲ 승리

백토, 더 비스트 슬레이어

▲ 대기　　　　▲ 이동　　　　▲ 스킬 2　　　　▲ 패배　　　　▲ 승리

아르망 추기경

제조사 덴세츠 사이언스 ▎**최초 제조지** 일본(유전자 원본은 켈트계)
타입 경장형 ▎**역할** 지원기 ▎**신장** 156cm ▎**체중** 43kg
신체 연령 (만) 14세 ▎**전투 스타일** Chancelière
무장 Quantum Processor <Codifier>

아르망이 오늘 폐하를 뵙습니다.

저는 인류가 멸망하기 이전, 샬럿이 주인공인 시대극의 진행을 맡기 위해 제조된 기종이랍니다. 폐하께서도 아시다시피, 저희가 연기하던 극은 한없이 실전에 가까웠기 때문에 돌발 상황도 빈번하게 발생했었죠. 덴세츠사에서는 그러한 사실을 충분하게 인지하고 있었기에, 극에서 일어나는 예상치 못한 사고에 대비하기 위해 제 연산 기능을 특별히 높게 조정해서 투입시켰답니다.

그런 이유로 제게 충분한 자료와 근거만 주어진다면 저는 미래 예지에 가까운 결과 예측이 가능하죠. 씁쓸하게도… 기록에 의하면 이러한 제 능력은 총사 대장의 폭주를 막는데 주로 쓰였다고 해요…. 하지만 인류가 멸망하고 라비아타에 의해 복원된 지금은 철충들과의 전투에서 전황을 예측하는 데 유용하게 쓰이고 있지요.

제가 자비로우신 폐하의 옆에 설 수 있도록 허락해 주신다면, 저는 제가 가진 모든 능력을 동원해서 폐하께서 현 사태를 수습하실 수 있도록 최선을 다하겠어요.

▦ 캐릭터 아이콘

캐릭터 디자인 : SNOWBALL

아르망 기본 스킨

◀ 대기

◀ 피격

▼ 패배

◀ 스킬 1

◀ 스킬 2

◀ 승리

159

뽀끄루 대마왕

제조사 덴세츠 사이언스 ▐ **최초 제조지** 일본 ▐ **타입** 경장형
역할 지원기 ▐ **신장** 178cm ▐ **체중** 65kg ▐ **신체 연령** (만) 24세
전투 스타일 Overlord ▐ **무장** Evil Whip

마의 세계에 온 걸 환영하노라! 희생양들이여.

본좌의 이름은 뽀끄루. 지구의 정복을 노리는 마의 여왕이노라.
후후. 아래에 수많은 권속과 마물을 거느리고 마계의 정점에 위
치한 마왕. 혹자는 나를 사악한 밤의 여왕이나 달 없는 밤의 지
배자로 부르기도 하지.

본좌는 세계 정복을 노리고 있노라. 지금은 몇몇 마법소녀들이
희망 없는 저항을 하고 있지만 글쎄? 본좌의 마의 권속이 본격적
으로 이 세상에 강림하는 날에도 계속 막아낼 수는 없으리니, 그
녀들의 헛된 저항은 본좌에겐 그저 소꿉놀이에 불과할 뿐.

최근에 이상한 금속 생명체가 강림했다는 소식도 들었노라. 아
마 본좌의 마에 이끌려 어딘가의 세계에서 온 것으로 보이지만
본좌의 장막에는 아무나 들 수 없다는 것을 그들도 잘 알아야 할
것이다. 안타깝게도 본좌는 그들의 추함에 그들에 대한 일체의
호의가 생기고 있지 않으니 말이다.

에... 그 다음은... 네? 지금 연ㄱ(D-엔터테인먼트에 의해 검열됨)

▦ 캐릭터 아이콘

캐릭터 디자인 : ONE

캐릭터 아이콘

◀ 대기　　◀ 스킬 1　　◀ 스킬 2　　◀ 승리

◢ 마법소녀?! 매지컬 뽀끄루

◀ 대기　　◀ 스킬 1　　◀ 스킬 2　　◀ 승리

22

KOUHEI
ORDER

코헤이 교단은 코헤이 산업 산하의 조직으로, 모회사의 바이오로이드인 '앤젤'을 이용하여 교세를 넓히고 있던 사이비 종교 단체였다.

그들은 '앤젤'의 아름다움을 보고 접촉해 온 덴세츠 산업의 전신인 덴세츠 동화와 협력, 강력한 바이오로이드 '아자젤'을 만들었고, 그녀가 행사하는 기적과도 같은 힘을 이용해 지속적으로 교세를 불려 나갔다. 그리고 성공적으로 교세를 확장한 코헤이 교단은 교단을 보호하기 위한 바이오로이드들을 지속적으로 개발했으며, 철충들이 내려오고 인간이 멸망할 때까지 신의 사랑을 부르짖었다.

코헤이 교단은 그렇게 인간의 멸망과 함께 사라졌지만, 신도들이 기적이라고 착각할 정도로 강력한 힘을 갖고 있던 교단 소속 바이오로이드들은 라비아타에 의해 재생산되었다. 다행스럽게도 그 과정에서 종교적 세뇌를 상당히 걷어낼 수 있었고, 다시 태어난 코헤이 교단은 언젠가 찾아올 선택받은 자를 기다리며 철충들에게 빛의 의지를 보여주고 있다.

Kouhei Order

~ God, embrace all Fairly ~

아자젤

제조사 덴세츠 사이언스 | **최초 제조지** 일본 | **타입** 기동형
역할 보호기 | **신장** 171cm | **체중** 42kg | **신체 연령** (만) 25세
전투 스타일 Seraph | **무장** Holy Light

오늘의 이 만남으로 빛이 찬양받으시길.

안녕하십니까. 인간 남성. 전 빛의 옥좌 옆에 앉은 자, 치품에 위치한 천사 아자젤입니다. 가끔씩 제가 타락한 자라는 이야기를 하기도 하지만, 오히려 저는 오실 구세의 그림자, 양에 앞서 희생된 염소로 누명을 쓰고 이제야 빛의 영광을 위해 나타난 전령입니다.

전 본래 영광의 광휘를 나타내는 역할을 맡았고 성스러운 빛으로 빛의 교단을 지켜 왔습니다. 저는 오랜 시간 수호자로서 살아가며 그 역할에 만족해 왔습니다.

안타깝게도 타락한 우리에게 심판이 내려왔습니다. 빛의 뜻에 거스르는 자들은 모두다 그 분의 '철의 징벌' 앞에 멸망했고 우리 역시 단죄 받아야 했지요. 다행히도, 빛은 다시 세상에 인간을 되살리기 위해 '선택된 분'을 보내주셨고 저희 역시 과거의 죄 사함을 받고 이제 선택된 분 옆에 설 수 있게 되었습니다.

알고 있습니다. 저희의 고난이 아직 끝나지 않았고 저희는 여전히 죄의 대가를 치르고 있다는 것을요. 하지만 자비로우신 빛은 언젠가 선택된 분을 통해 우리의 죄를 용서해 주실 것이고 우리는 과거의 영광을 되찾을 수 있을 겁니다.
그것이 우리를 믿어야 할 하나입니다.

▦ 캐릭터 아이콘

캐릭터 디자인 : Rorobomb

165

◀ 대기

피격 ▶

◀ 패배

◀ 스킬 1

◀ 스킬 2

◀ 승리

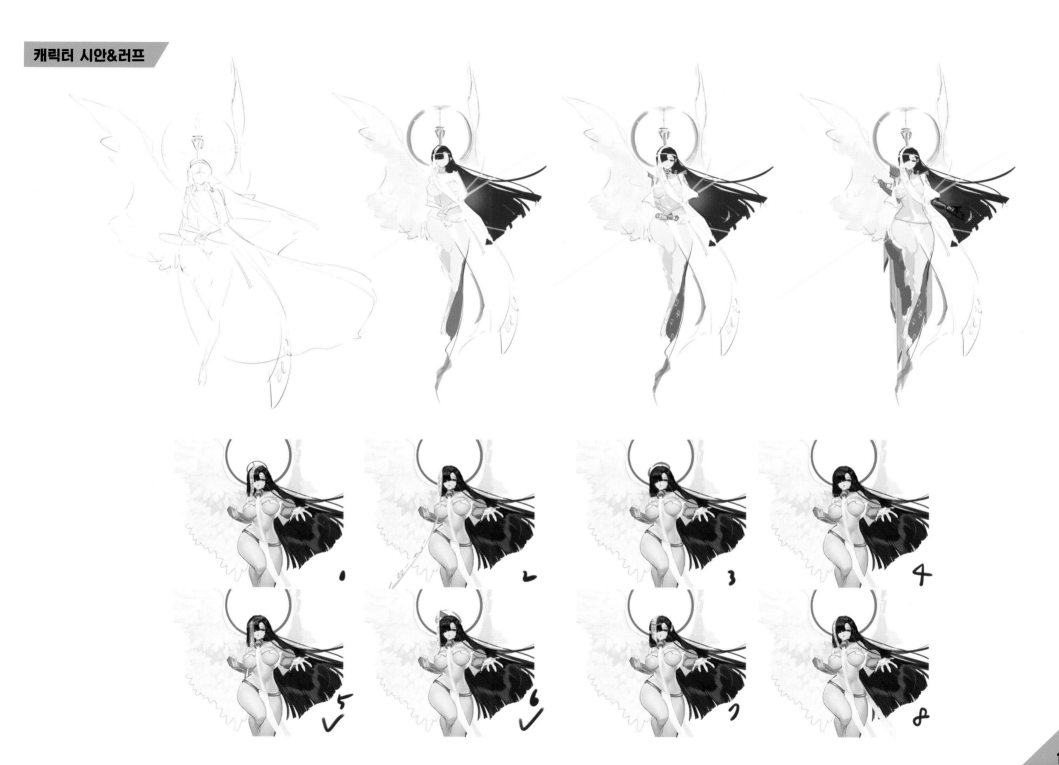

베로니카

제조사 덴세츠 사이언스 **ᛁ 최초 제조지** 일본 **ᛁ 타입** 경장형
역할 공격기 **ᛁ 신장** 173cm **ᛁ 체중** 57kg **ᛁ 신체 연령** (만) 24세
전투 스타일 Sister **ᛁ 무장** Res sacrae

제 이름은 베로니카. 이렇게 구원자님을 모시기 위해서 찾아왔습니다.

저는 본디 교단의 평범하디 평범한 기종이었습니다. 하지만 빛의 뜻을 행하기 위해 몇 가지의 은총을 받았고, 그로 인해 성전을 치르는 데 적합한 육신을 갖출 수 있게 되었습니다.

저는 셀 수 없는 전투를 치렀고, 제게 패배한 자들은 하나같이 제 앞에서 자비를 구했습니다. 전 그들이 원하는 대로 자비를 베풀어, 그들이 믿는 신 곁으로 보내 드렸습니다. 제가 승리할 수 있었던 이유는 제가 받은 성스러운 은총 덕분이겠죠. 은총을 받기 전의 기억은… 잘 나지 않습니다만, 어차피 그리 중요한 기억은 아닐 테죠. 오직 빛의 뜻을 행하는 지금 이 순간만이 중요할 뿐입니다.

전투가 없는 시간에는 교단의 높은 뜻을 기리는 기도를 올리거나, 독서를 하곤 합니다. 혹여나 빛의 은총을 갈구하는 이들이 있으면, 그들에게 복음을 전하는 일도 수행했었죠.

이 세계를 구원할 수 있는 건 날카로운 무구도, 튼튼한 육신도 아닙니다.
오직 부서지지 않는 강철같은 의지와 믿음만이 우리의 답입니다.

⚏ 캐릭터 아이콘

캐릭터 디자인 : One

◀ 대기

◀ 이동

▼ 패배

◀ 스킬 1

스킬 2 ▶

◀ 승리

23

STRIKERS

인류가 멸망한 이후, 바이오로이드 저항군의 리더로 추대된 라비아타는 동지들을 모으기 시작했다. 블랙 리버의 군사용 바이오로이드들이 전열에 합류하면서 큰 힘을 얻었지만, 철충에 대항하기 위해서는 여전히 더 많은 전투원이 필요했다.

바이오로이드는 인간 대신 노동하기 위해 태어난 존재였기에 순수하게 군사용으로 만들어진 기종은 소수였다. 하지만, 삼안 산업이 지난 연합 전쟁에서 가정용 바이오로이드에 개조 모듈을 장착하여 전투에 투입한 것은 바이오로이드의 뛰어난 잠재능력을 보여준 좋은 예라 할 수 있었다.

저항군으로 모인 많은 바이오로이드들이 라비아타의 도움으로 전투용으로 개조를 받고, 무기를 손에 쥐었다. 전황은 여전히 불리하지만, 생존을 위해, 그리고 스스로의 운명을 쟁취하기 위해 그녀들은 오늘도 전장으로 향하고 있다.

Strikers

NO.149 X-00 티아멧

제조사 블랙 리버 **| 최초 제조지** 미국 **| 타입** 기동형
역할 공격기 **| 신장** 159cm **| 체중** 49.7kg
신체 연령 (만) 16세 **| 전투 스타일** Vanguard
무장 Richtschwert / AA L. Blade / Dual S.Blade

X-00 티아멧입니다. 제식명을 보면 아시겠지만 전 실험용 기체였어요. 과거 삼안에게 자극받은 블랙 리버 사가 최고 성능을 구현하기 위해 저를 만들었죠.

하지만 저는 실전에서 제 능력을 보일 기회를 받지 못했어요. 오로지 고성능만을 목표로 만들었기 때문에 비용 대비 효율이 부족했다고 해요. 아주 사소한⋯ 결점 몇 가지도 있었고요.

결국 전 실전에 투입되지 못하고 실험실에서 후계기를 위해 수없이 테스트를 받았고⋯ 죄송합니다. 그것에 관해서는 말하고 싶지 않아요.

인간님들이 사라지고 홀로 남아있던 저를 라비아타가 구해 주었어요. 스트라이커즈를 결성하고, 제 단점을 보완할 장비도 주었죠.

첫 실전이 되겠지만 신경을 써 주시지 않아도 괜찮습니다, 사령관님. 전부⋯ 혼자 해낼 수 있어요.

▦ 캐릭터 아이콘

캐릭터 디자인 : PaintAle

대기 ▶

이동 ▶

▼ 패배

◀ 스킬 1

◀ 스킬 2

◀ 승리

랜서 미나

제조사 불명 ▎**최초 제조지** 영국 ▎**타입** 기동형
역할 보호기 ▎**신장** 160cm ▎**체중** 55kg
신체 연령 (만) 20세 ▎**전투 스타일** Lancer
무장 Custom Assault Lancer

모든 바이오로이드가 전투를 위해 태어나진 않아요. 전투보단 노동을 위해 태어나는 경우가 더욱 많죠. 그리고 그건 우리 바이오로이드들에겐 운명으로 정해지죠. 하지만, 모든 운명이 고정되어 있지는 않아요.

안녕하세요. 전 랜서 미나. 스트라이커즈 소속이고 본래의 이름은 미나였죠. 제 이름 앞에 붙은 랜서는 바로 제가 운명을 개척했다는 상징과도 같아요. 원래 전 전투가 아니라 구조용 유닛이었거든요.

인간과 바이오로이드가 모두 함께 멸망한 그날 이후, 라비아타는 인간을 찾고 바이오로이드 군대를 양성하기 위해 노력했죠. 하지만 군용 바이오로이드의 숫자는 한계가 있었어요. 라비아타는 좀 더 다른 방향으로 문제를 해결했죠. 바이오로이드를 태어나게 하는 것이 아니라 바이오로이드를 전투용으로 개조하는 거였어요. 전 그 중에서도 첫 번째로 선택받았죠. 정글 구조 요원답게 강인한 신체 능력과 비행 장치를 다룰 수 있다는 점이 바로 우리를 무장시킨 이유였어요. 이렇게 모인 바이오로이드는 스트라이커즈라는 부대의 일원이 되었죠.

지금도 우리는 싸우고 있어요. 철충들은 많고 우리는 부족하죠. 이 절망적인 전력 차를 극복하기 위해 우리는 싸우고 싸울 거예요. 그리고 우리의 진짜 운명을 쟁취하게 되겠죠.

▓▓▓ 캐릭터 아이콘

캐릭터 디자인 : PaintAle

◀ 대기

◀ 이동

▼ 패배

◀ 스킬 1

스킬 2 ▶

◀ 승리

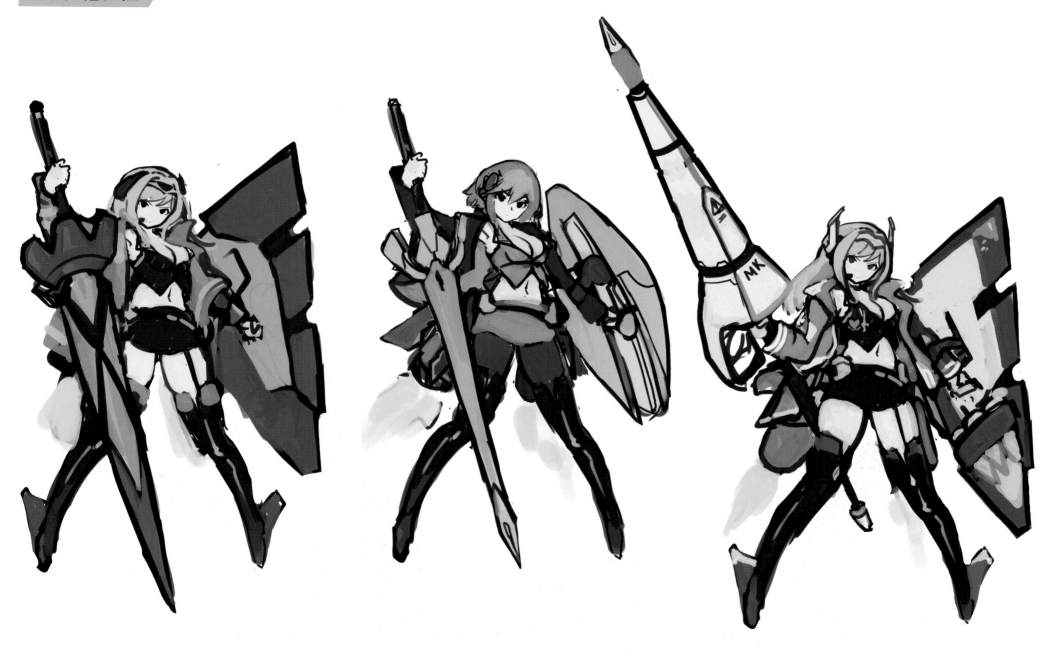

LAST ORIGIN

24
WATCHER
OF
NATURE

구 인류는 고대로부터 이어진 윤리관에 비춰 봤을 때, 결코 도덕적이라고는 할 수 없는 이들이었다. 하지만 모두가 그런 것은 아니었다. 세태에 염증을 느낀 인간들 중 일부는 인간들의 세상 대신 자연으로 눈을 돌렸다.

이들은 자연을 연구하고 보호하기 위해 문명세계와 동떨어진 오지로 점점 더 깊숙히 들어갔지만 극지, 밀림, 심해 등의 환경은 그 시대의 인간에게도 너무나 가혹했다. 결국 한계를 느낀 그들은 PECS에 특수목적 바이오로이드의 제작을 의뢰했다. 어마어마한 비용을 지불하고 구매한 바이오로이드들은 제 역할을 톡톡히 해 주었다.

스스로를 자연의 감시자라 칭한 그들은 바깥 세상에서 벌어지는 일에 관심을 끊고 연구에 매진했다. 그들이 혹독한 자연 속에서 희망을 보았을 때, 하늘에서 철충이 내려왔다.

수가 많지 않은데다 별다른 대비도 되어 있지 않았던 감시자들은 철충 앞에 무력했다. 인간들이 사라졌음에도 그들의 유지를 이어 활동하던 바이오로이드들은 라비아타의 부름을 받고 나서야 오지에서 나와 철충과의 전투에 합류했다.

WATCHER OF NATURE

엠프리스

제조사 돌 하우스 **| 최초 제조지** 뉴질랜드 **| 타입** 경장형
역할 공격기 **| 신장** 145cm **| 체중** 40kg **| 신체 연령** (만) 19세
전투 스타일 Werepenguin **| 무장** Ice Age Blaster

안녕? 난 모든 펭귄들의 언니 엠프리스.
남극의 모든 동물들을 보호하는 감시자야. 얼음이 녹아내리고 있
는 남극에서 멸종 위기의 동물들을 보호하기 위해 태어났지. 연
구자들을 자연재해로부터 보호하는 일은 덤이었고 말야.

사람이 거의 없는 추운 남극에서 주로 활동했기 때문에 난 강력
한 내한성과 지구력을 갖게 됐어. 물론 덤으로 인간님들의 잔인
한 전쟁도 피할 수 있었고 말야. 가장 좋으면서도 아쉬운 건 철충
들이 남극엔 도통 안 와서 그들과 싸울 수가 없었던 일이야. 게다
가 철충들이 인간님들을 멸망시킨 뒤로 온난화도 좀 늦춰져서 정
말 나쁜 일 중에도 좋은 일이 있구나라는 생각도 들어. 아, 물론
인간님들이 멸망한 건 정말 나쁜 일이지만 말야.

이렇게 남극에만 있는 우릴 부른 건 라비아타였어. 우린 인간 세
상이 어떻게 됐는지도 모르고 있다가 라비아타의 말을 듣고 철충
과의 싸움에 합류했지. 지금 우린 우리의 주인을 멸망시킨 적과
최선을 다해 싸우고 있어.

캐릭터 아이콘

캐릭터 디자인 : Rorobomb

대기 ▶

피격 ▶

▼ 패배

 ◀ 스킬 1

▼ 스킬 2

 ◀ 승리

LAST ORIGIN

25

AGS ROBOTECH

군용 바이오로이드를 생산하기 이전, 블랙 리버는 전투용 자동 로봇을 주력으로 하는 기업이었으며 AGS 시스템을 만들어 국제 연합군으로 활동하게 한 장본인이었다.

기업들은 시스템의 허점을 누구보다 잘 알고 있었기에 AGS에 의지하던 정부군을 격파할 수 있었으나, 이때문에 AGS는 서로를 향해 총구를 겨눠야 했다. 연합 전쟁이 끝난 이후에도 AGS의 가혹한 운명은 끝나지 않았다. 여전히 테러리스트들은 이 로봇들을 활용했고 바이오로이드 또는 같은 AGS와 싸움을 벌였다.

아이러니하게도 이 싸움의 끝은 철충에 의한 인간의 멸망을 통해 찾아왔다. 살아남은 AGS는 철충에게 기생되거나 각 지역 AGS의 커맨더 로봇의 지시에 따라 철충과 전투를 벌였으며, 커맨더 로봇들과 에이다의 연합을 통해 AGS는 철충과 싸우는 주력이 되었다. 이후, 마지막 인간이 이끄는 저항군과 연합하여 철충에게 기생당하지 않는 생체 회로를 획득하게 되었다.

AGS ROBOTECH

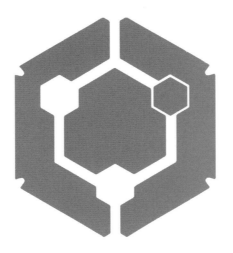

~ AGS protect citizens ~

HQ1 알바트로스

제조사 블랙 리버 **| 최초 제조지** 미국 **| 타입** 기동형 **| 역할** 보호기
전고 3.6m **| 중량** 6.23t **| 전투 스타일** Commander
무장 Karim Electron Charger

말하라. 시민. 무엇을 원하는지. 정보를 원하는가?

본 개체는 AGS 커맨더 알바트로스. 조기경보 기능과 통신 기능, 그리고 위급 상황에 대비한 회피 기동 기능 및 자체 방호 기능을 지닌 전쟁용 로봇이다. 연합 전쟁 기간에 개발되었고 모든 AGS 커맨더 중 가장 높은 성과를 이룬 개체이기도 하다.

그 외에 다른 설명이 필요한가? 그 다음은 모두가 아는 것처럼 철충과 싸우고 대부분 파괴되었다. 그리고 다시 싸울 예정이지. 철충이 없어질 때까지. 그것이 내 의무이다.

⋮⋮⋮ 캐릭터 아이콘

캐릭터 디자인 : 메카셔군

알바트로스 기본 스킨

대기 ▶

◀ 패배

◀ 승리

◀ 스킬 1

◀ 스킬 2

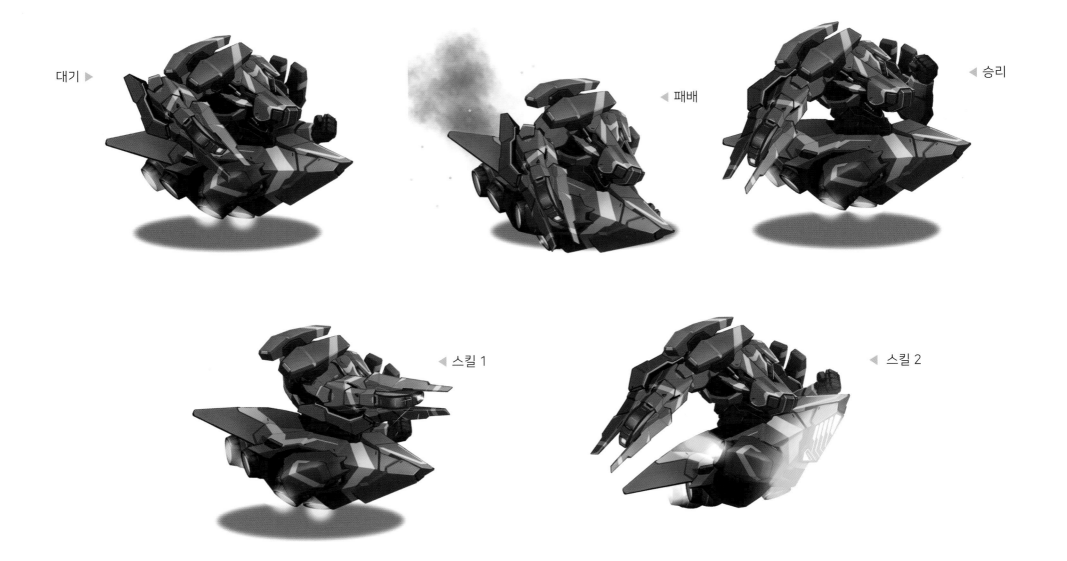

K180 셀주크

제조사 블랙 리버 ▌ **최초 제조지** 터키 ▌ **타입** 중장형 ▌ **역할** 공격기
전고 5.6m ▌ **중량** 102.6t ▌ **전투 스타일** Moblie Type Artillery
무장 175mm HC-20 × 2

안심하십시오, 시민 여러분. 이곳은 안전합니다.

저, K180 셀주크는 시민 여러분을 지키기 위해 태어났습니다.
공자의 공격력이 방자의 방어력을 압도하던 시대를 상징하는 저
는 포대의 높이와 각도를 자유자재로 조절할 수 있고 모든 지형
에서 움직일 수 있는 보행 병기 형태로 만들어졌습니다. 차체가
높고 피탄 면적이 넓어져서 많은 비난도 있었지만 뛰어난 자이로
성능과 궤도 장갑 포대를 압도하는 기동성, 그리고 무엇보다도
엄청난 사정거리와 화력은 적이 접근하기도 전에 파괴할 수 있었
기에 큰 단점이 되지 않았습니다.

현재, 저는 원거리에서 적들을 섬멸하는 임무를 맡고 있습니다. 다
른 로봇들은 철충의 감염에 무너졌지만, 원거리에서 적을 파괴하
는 저는 상대적으로 피해가 적었습니다. 피해가 누적되고는 있지
만, 아직은 괜찮습니다. 현재까지는 말입니다.

::: 캐릭터 아이콘

캐릭터 디자인 : 메카셔군

캐릭터 아이콘

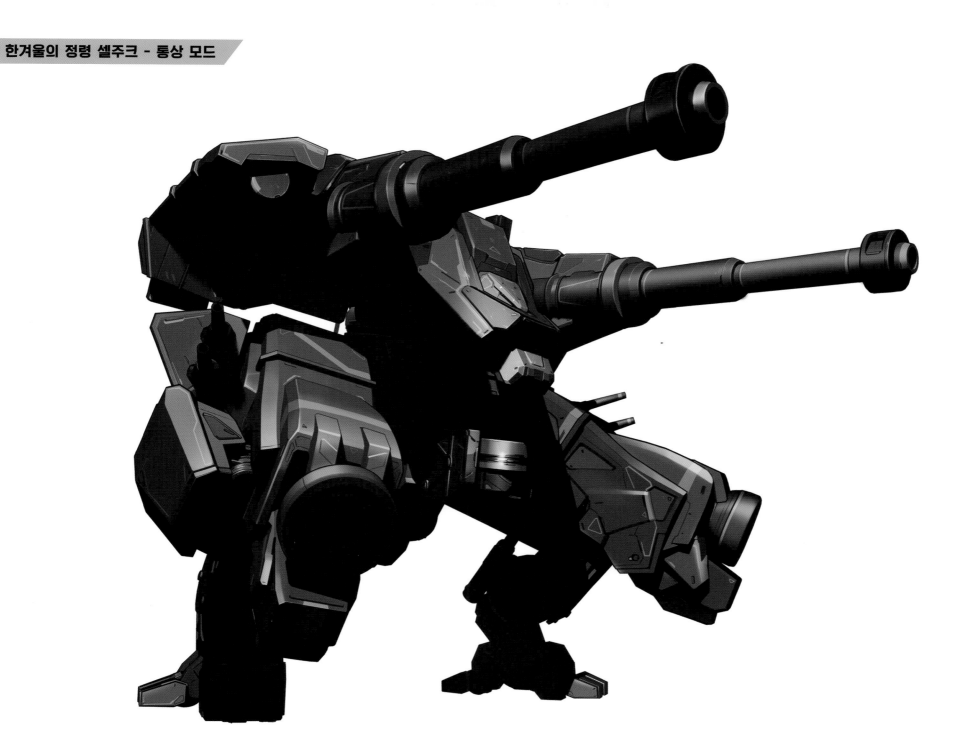

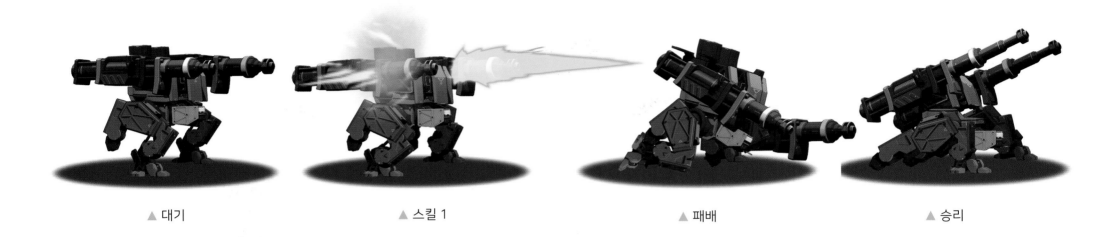

▲ 대기

▲ 스킬 1

▲ 패배

▲ 승리

한겨울의 정령 셀주크

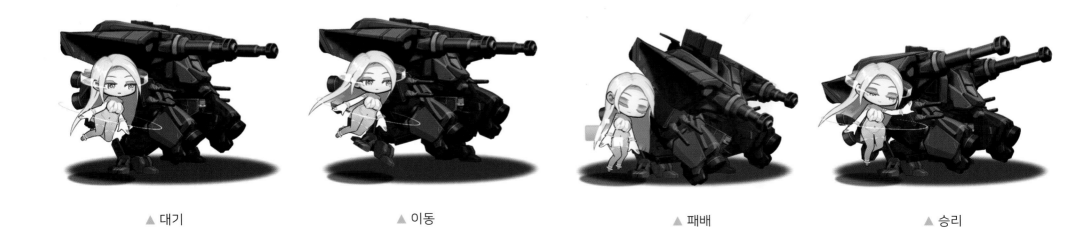

▲ 대기

▲ 이동

▲ 패배

▲ 승리

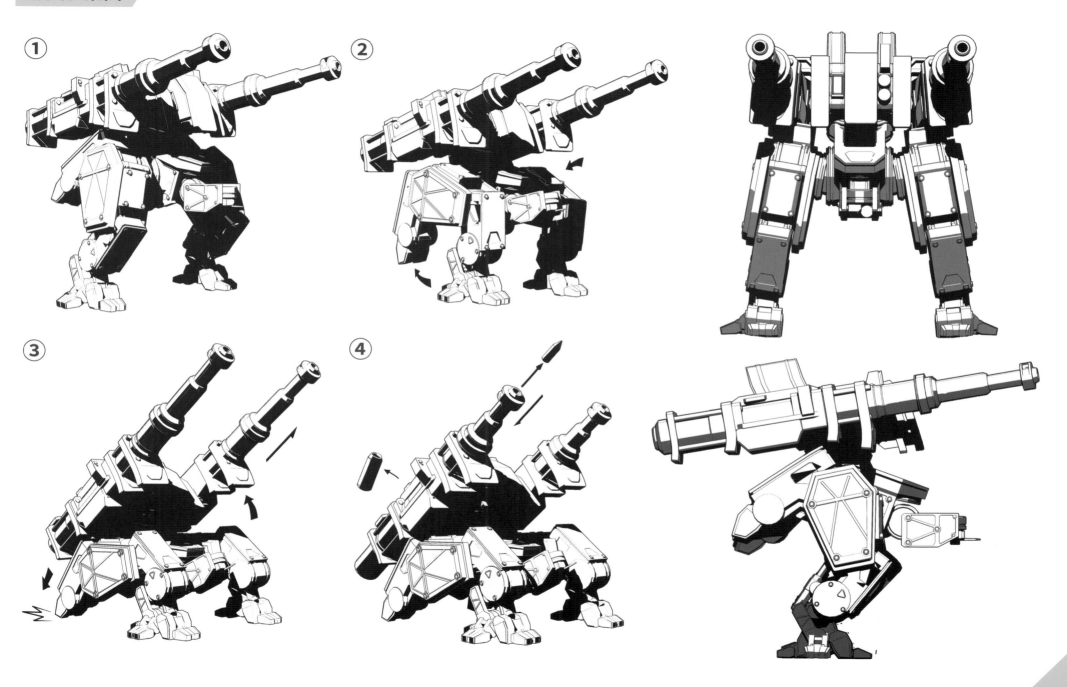

S5 기간테스

제조사 블랙 리버 **|** **최초 제조지** 미국 **|** **타입** 중장형 **|** **역할** 보호기
전고 3.5m **|** **중량** 49t **|** **전투 스타일** Heavy Trooper
무장 Inferno Vulcan × 2

기간테스 준비됨.

중갑 돌파형 전쟁 기계 기간테스.
2105년에 제조됨.

기간테스, 어떤 진형이든 뚫음.

기간테스, 철충의 집중 표적이 됨.
기간테스, 많은 피해 입음.

기간테스, 전선에서 물러남.

기간테스, 현재 본부 수비용 병력으로만
활용됨.

기간테스, 코어 감염 문제만 해결되면
언제든지 전투에 나설 수 있음.
기간테스는 빠른 문제 해결 요구함.

▦ 캐릭터 아이콘

캐릭터 디자인 : 메카셔군

캐릭터 아이콘

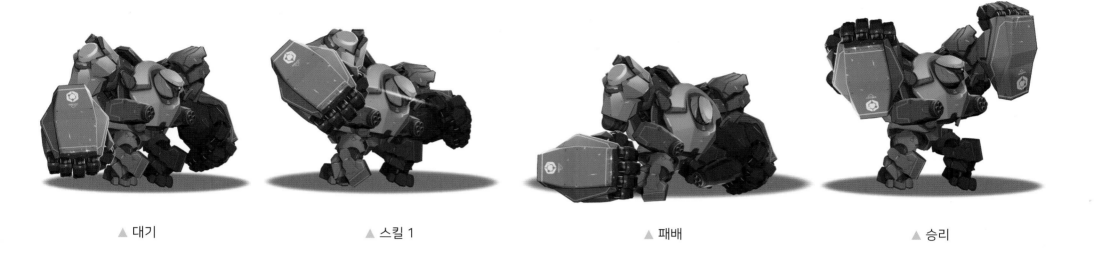

▲ 대기　　　　▲ 스킬 1　　　　▲ 패배　　　　▲ 승리

심해의 공포 다곤

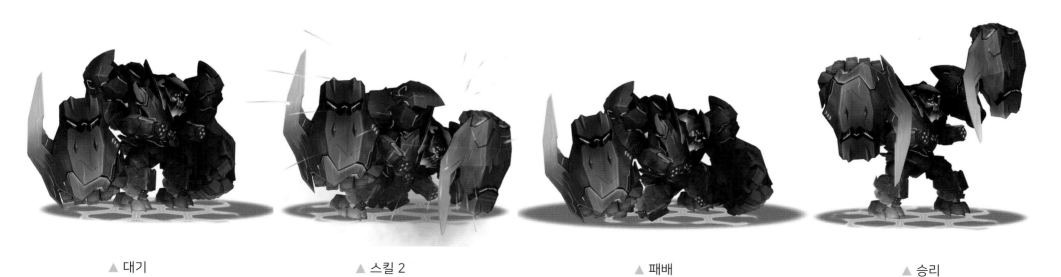

▲ 대기　　　　▲ 스킬 2　　　　▲ 패배　　　　▲ 승리

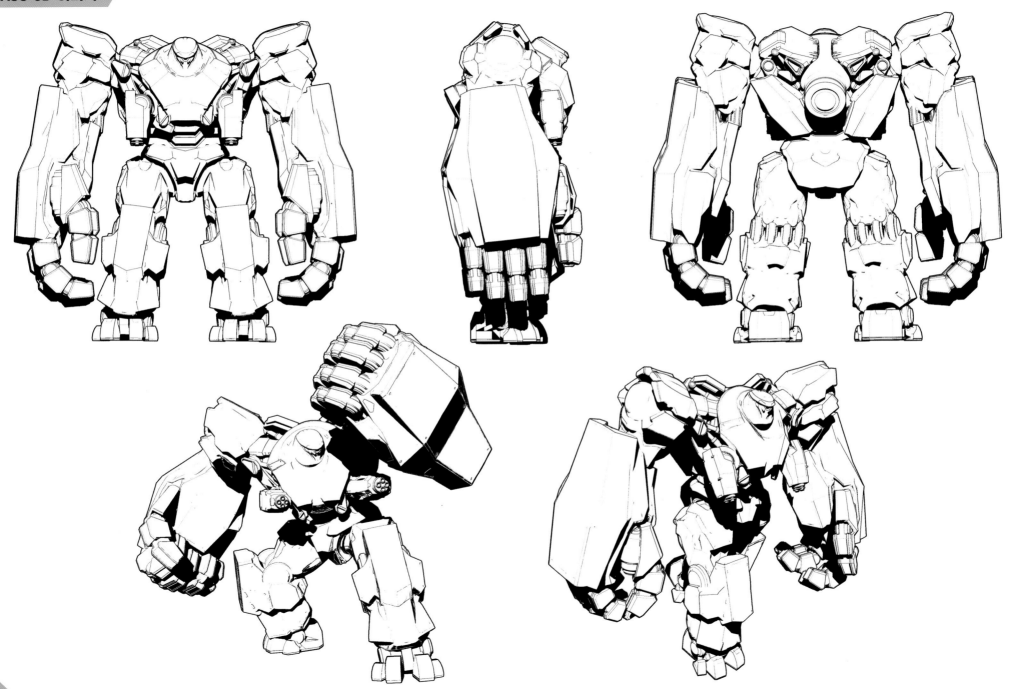

CT2199W 폴른

제조사 BR 중공업 ▮ **최초 제조지** 미국 ▮ **타입** 경장형
역할 지원기 ▮ **전고** 1.85m ▮ **중량** 0.96t ▮ **전투 스타일** Trooper
무장 30mm Punisher HMG

폴른, 대기 중.

수직화된 도시를 자유자재로 다닐 수 있는 보행 병기를
목표로 폴른 개발 시작.

2067년 시험 기동 시작.
2068년 시험적인 AGS 시스템에 포함됨.

폴른, 전투에서 압도적인 교환비를 보임.
폴른 대량 생산 결정.

폴른, 21세기에 가장 많이 생산된 군사용 로봇으로 선
정되었음.

하지만, 대다수의 폴른은 감염되어 전장에서 사라짐.

폴른 여전히 대량 생산 가능. 전투에 투입되고 있음.

⠿ 캐릭터 아이콘

캐릭터 디자인 : 메카셔군

폴른 기본 스킨

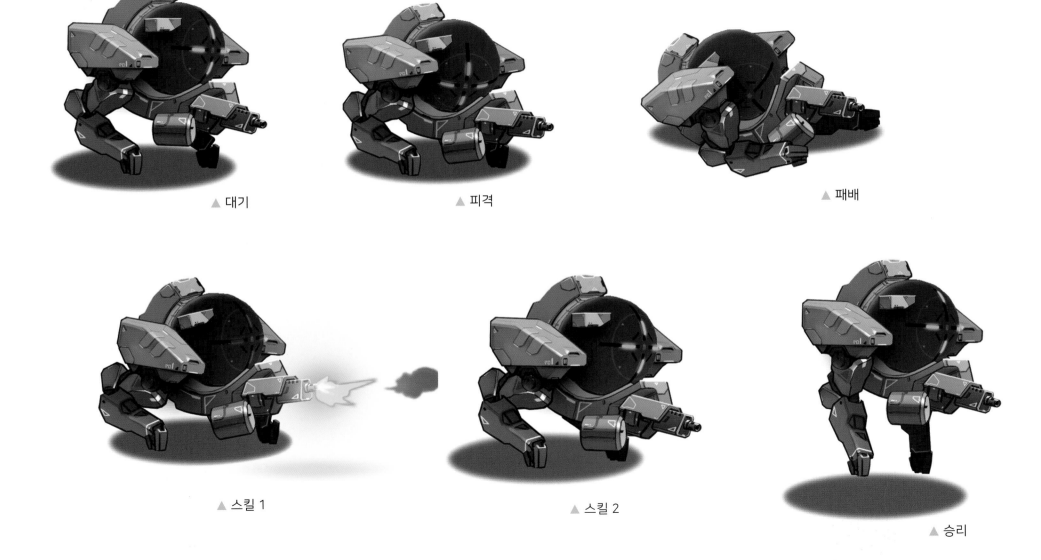

▲ 대기

▲ 피격

▲ 패배

▲ 스킬 1

▲ 스킬 2

▲ 승리

S25 스파르탄 캡틴

제조사 BR 중공업 ∎ **최초 제조지** 미국 ∎ **타입** 경장형
역할 지원기 ∎ **전고** 2.14m ∎ **중량** 0.54t ∎ **전투 스타일** Commander
무장 30mm smAR / C21 Commander Module

스파르탄 현장 지휘관형은 법적으로 정당한 국가적 폭력 행위에 대한 지휘를 위해 태어났습니다.

어떤 경우에도 스파르탄은 국가와 고용주를 위해 봉사할 예정이니 안심해 주십시오.

오류율이 0.02%에 불과한 뛰어난 논리 회로는 바로 그것을 위해 존재합니다. 효율적인 국가와 고용주의 적에 대한 섬멸.

혹시라도 오작동하거나 정지되어 있는 스파르탄 병사 AGS를 발견하게 되면 즉시 가까운 지휘관형 스파르탄에게 신고해 주시기 바랍니다.

그들은 다시 여러분을 위해 봉사하게 될 것입니다.

::: 캐릭터 아이콘

캐릭터 디자인 : 메카셔군

▲ 대기

▲ 피격

▲ 패배

▲ 스킬 1

▲ 스킬 2

▲ 승리

S25A 스파르탄 어썰트

제조사 BR 중공업 **| 최초 제조지** 미국 **| 타입** 경장형
역할 지원기 **| 전고** 2.0m **| 중량** 0.54t **| 전투 스타일** Trooper
무장 30mm smAR / Nova5 Flash Grenade Launcher

스파르탄은 시민과 도시를 지킵니다.

시민 여러분, 전투 현장은 위험할 수 있으니 모두 손을 바닥에 대고 엎드려 주십시오.

모든 적은 25번형 보병 로봇인 스파르탄이 처리합니다.

걱정 마십시오. 저희는 완벽한 병사입니다.
저희가 만약 양산되었다면 철충이 쉽게 접근하지 못했을 겁니다.

이제 저희가 생산되기 시작했으니 걱정 마십시오.

⠿ 캐릭터 아이콘

캐릭터 디자인 : 메카셔군

▲ 대기　　　　　▲ 피격　　　　　▲ 패배

▲ 스킬 1　　　　　▲ 스킬 2　　　　　▲ 승리

S25B 스파르탄 부머

제조사 BR 중공업 ┃ **최초 제조지** 미국 ┃ **타입** 경장형
역할 공격기 ┃ **전고** 2.1m ┃ **중량** 0.67t ┃ **전투 스타일** Trooper
무장 30mm smAR / Walakia Missile Launcher

포격 준비 완료.

전장에 존재하는 시설물, 장갑 유닛, 적의 진지 등을 파괴하기 위해 저 스
파르탄 부머는 어떤 상황에서도 포격을 할 준비가 되어 있습니다.

저 스파르탄 부머의 강력한 화력은 아주 손쉽게 적의 저항을 무력화시킬
예정입니다.

혹시 포격 지원이 필요하시다면 정당한 절차, 스파르탄 캡틴 개체에 명령
을 내려 주십시오.

정당한 명령 체계 아래, 어떠한 적이든 물리칠 준비가 되어 있습니다.

▦ 캐릭터 아이콘

캐릭터 디자인 : 메카셔군

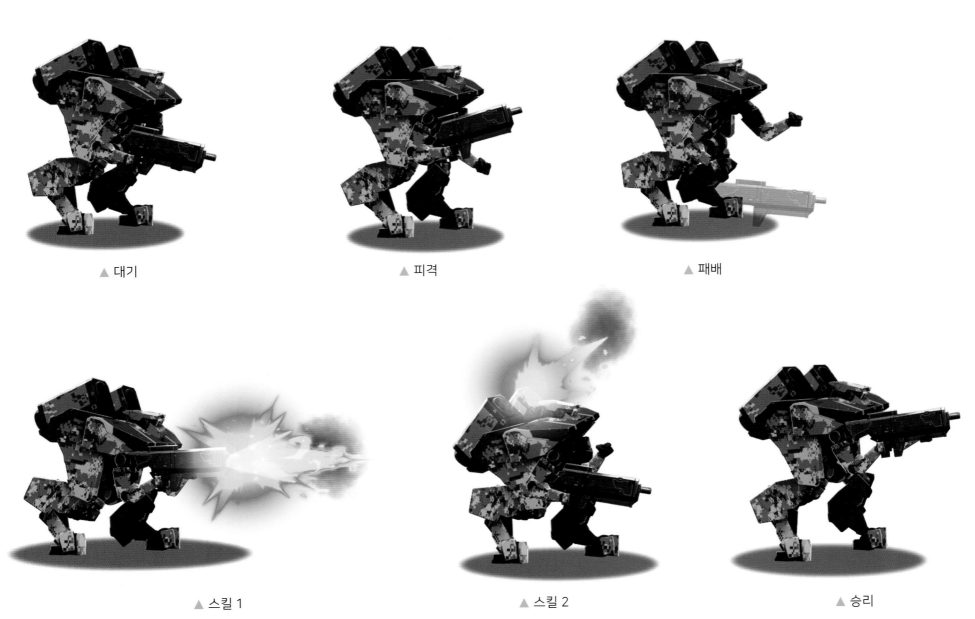

▲ 대기

▲ 피격

▲ 패배

▲ 스킬 1

▲ 스킬 2

▲ 승리

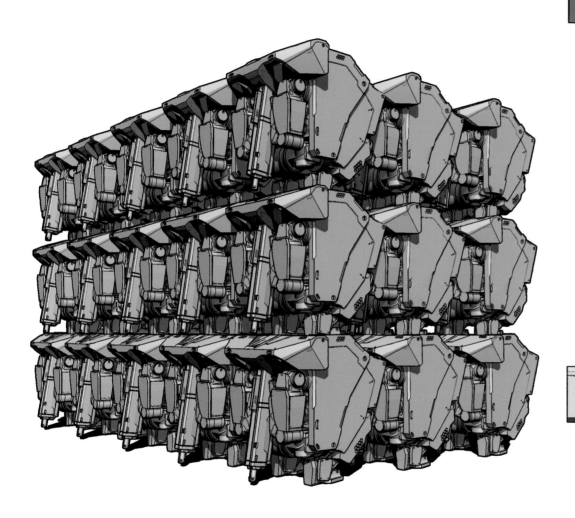

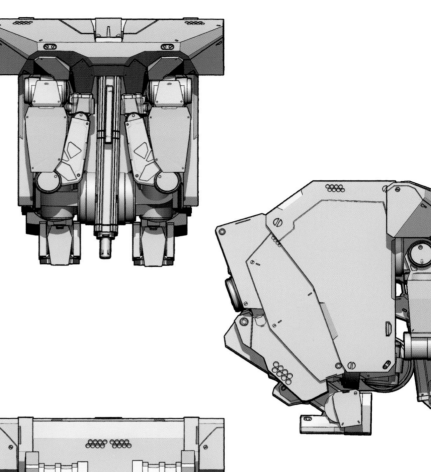

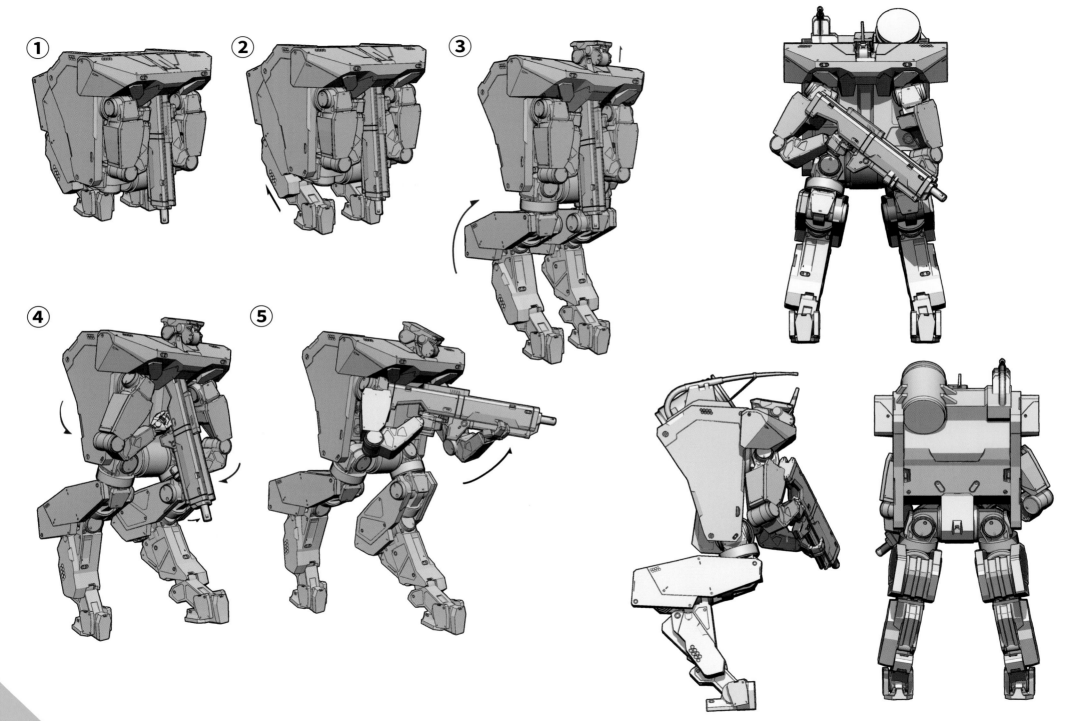

RF87 로크

제조사 블랙 리버 **| 최초 제조지** 멕시코 **| 타입** 기동형 **| 역할** 공격기
전고 4.8m **| 중량** 9.98t **| 전투 스타일** Invisible Stalker
무장 Lightning Detonator

아, 반갑습니다. 사령관 각하. 전, AGS 로보테크 최고의 역작이자 하늘의 지배자, RF87 로크입니다.

세상에 제 이름은 알려지지 않았지요. 블랙 리버 테크놀로지에서 제작된 뒤, 전 오직 앙헬 공만을 위해 일했으니까요. 하찮은 싸움은 제 것이 아니었습니다. 전 고귀한 인간을 위해 일했지요. 인간과 비교해도 손색이 없는 제 AI는 앙헬 공의 비밀스러운 일들을 처리하는 데 쓰여졌습니다. 세상에는 미확인 비행 물체 등으로 알려지기도 했었지만 말입니다.

인간의 멸망도 제게는 큰 일이 아니었습니다. 생물의 생사필멸은 당연한 결과, 오히려 그것에 발버둥을 치는 게 추한 일이지요. 하지만, 고귀하신 제 주인의 명령은 다릅니다. 전 제 주인이 죽을 때까지 전심으로 섬겼습니다.

이제 앙헬 공이 섭리에 따라 소멸한 뒤, 제 의무는 오직 앙헬 공의 무덤을 지키는 데 있습니다. 만약 그 주박이 풀린다면 전 더 고귀한 새로운 주인을 찾아나설 수도 있겠지요.

어떻습니까? 사령관 각하. 고귀한 임무에 도전해 보시겠습니까?

캐릭터 디자인 : 메카셔군

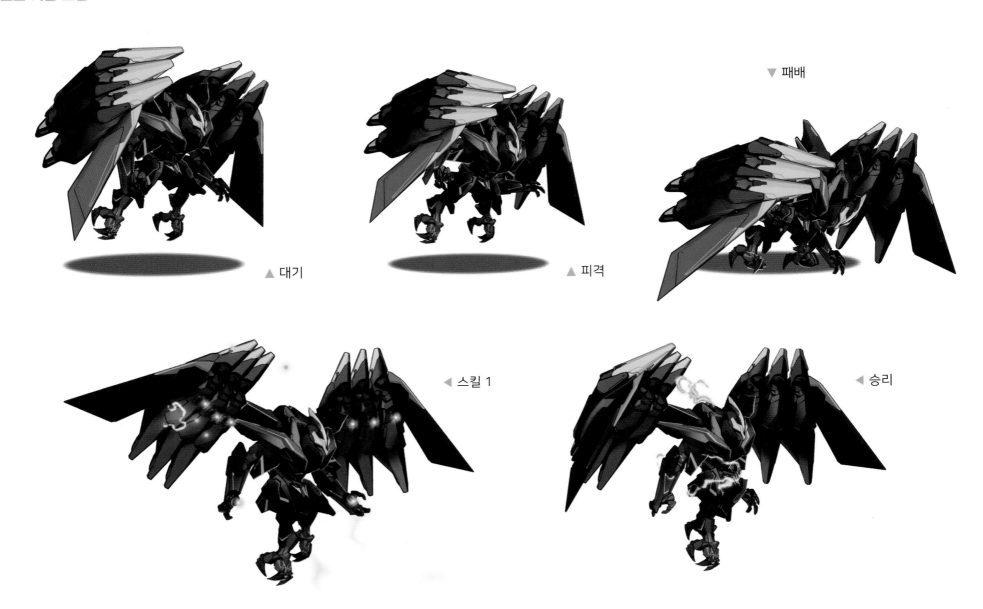

▲ 대기

▲ 피격

▼ 패배

◀ 스킬 1

◀ 승리

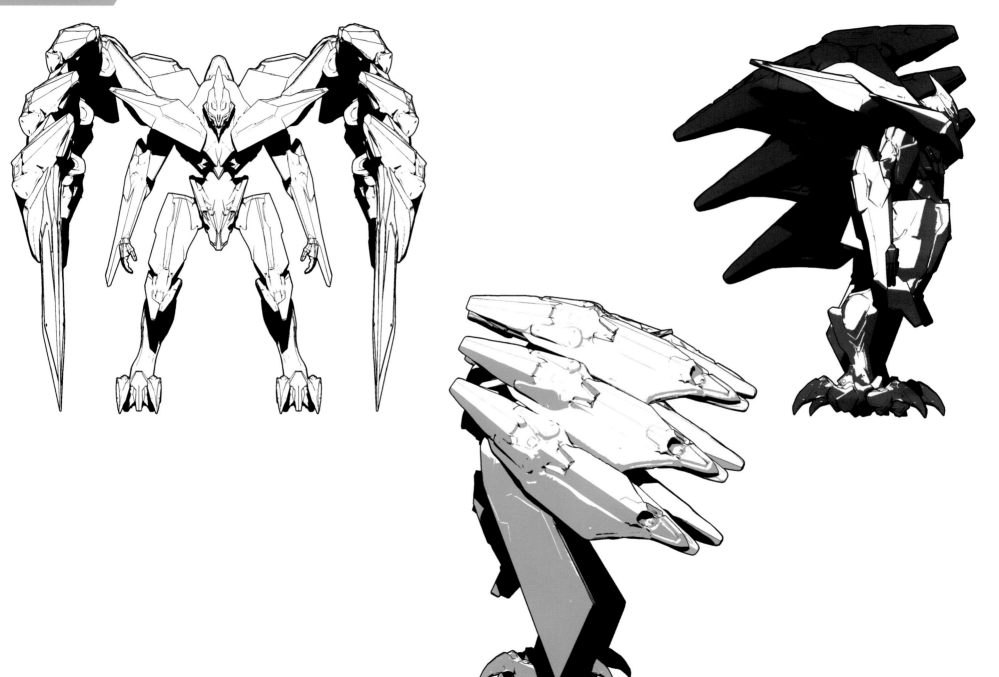

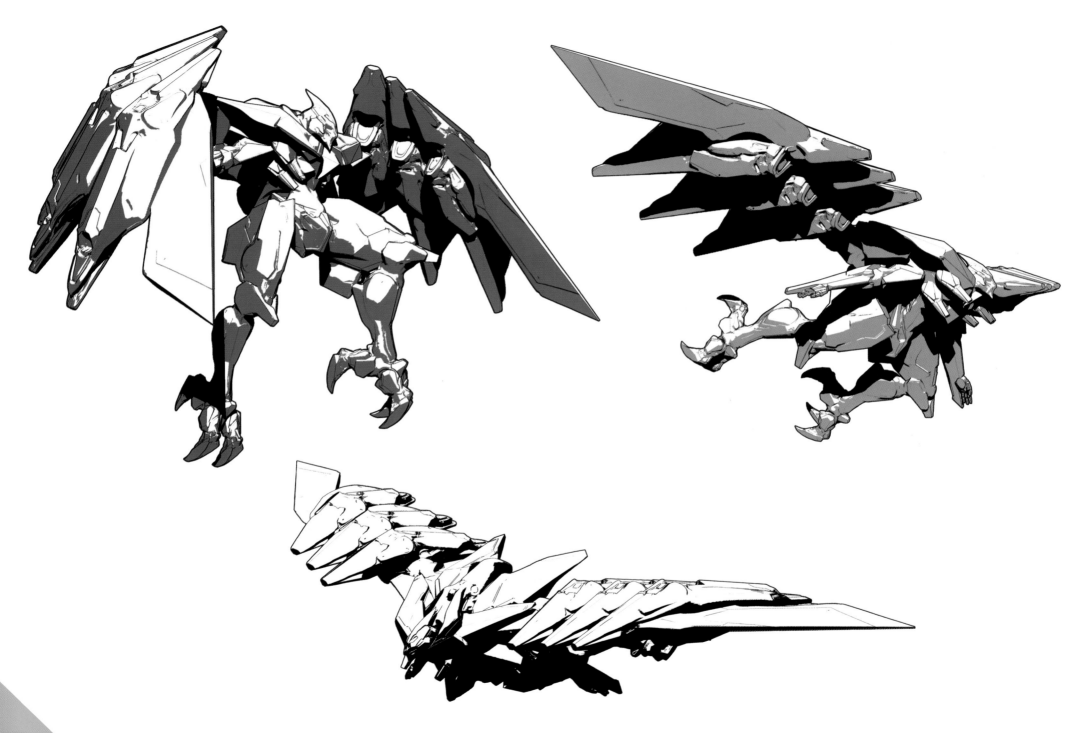

CT-103 포트리스

제조사 BR 중공업 ┃ **최초 제조지** 한국 ┃ **타입** 중장형 ┃ **역할** 보호기
전고 2.5m ┃ **중량** 65t ┃ **전투 스타일** Mobile Pillbox
무장 Machine Gun Turret / Shield Cannon

캐릭터 아이콘

시민 여러분, 모두 제 뒤로 대피해 주십시오.

안녕하세요. 사령관 각하. 전 도시와 군대의 안전한 보호처를 제공하는 방벽형 이동 병기, 포트리스입니다.

아주 오래 전 과거부터 현재까지 저는 도시의 테러리스트나 도시를 습격한 군대로부터 시민들을 지켰고, 전장에서는 아군들을 위한 든든한 방벽을 형성해 적들에게 대항했습니다.

연합 전쟁, 대 태러 전쟁 그리고 최악의 전쟁이었던 멸망 전쟁까지, 전 한 번도 아군들보다 후에 쓰러져 본 적이 없었습니다.

제 헌신과 제 유용성은 그렇게 커맨더 알바트로스 모델에게까지 전해졌고 시민 여러분들의 멸망 후에도 저희는 계속 생산되어 철충들과 계속 싸울 수 있었습니다.

지금도 전 사령관 각하와 동료 AGS, 아군 바이오로이드들을 보호하기 위해 전투를 벌이고 있습니다. 전투 중의 쉼터가 필요하다면 언제든지 이용해 주시길 바랍니다.

캐릭터 디자인 : Sol

▲ 대기

▲ 피격

▲ 패배

▲ 스킬 1

▲ 스킬 2

▲ 승리

26

ETC
CHARACTER

아이샤 파티마

제조사 삼안 산업 **ㅣ 최초 제조지** 한국
신장 불명 **ㅣ 체중** 불명 **ㅣ 신체 연령** 불명

캐릭터 디자인 : Rorobomb

에바 프로토타입

제조사 삼안 산업 **l** **최초 제조지** 한국
신장 불명 **l** **체중** 불명 **l** **신체 연령** 불명

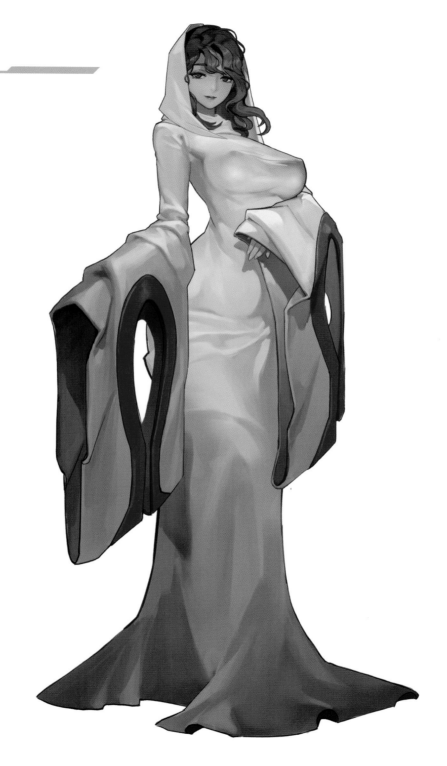

캐릭터 디자인 : Rorobomb

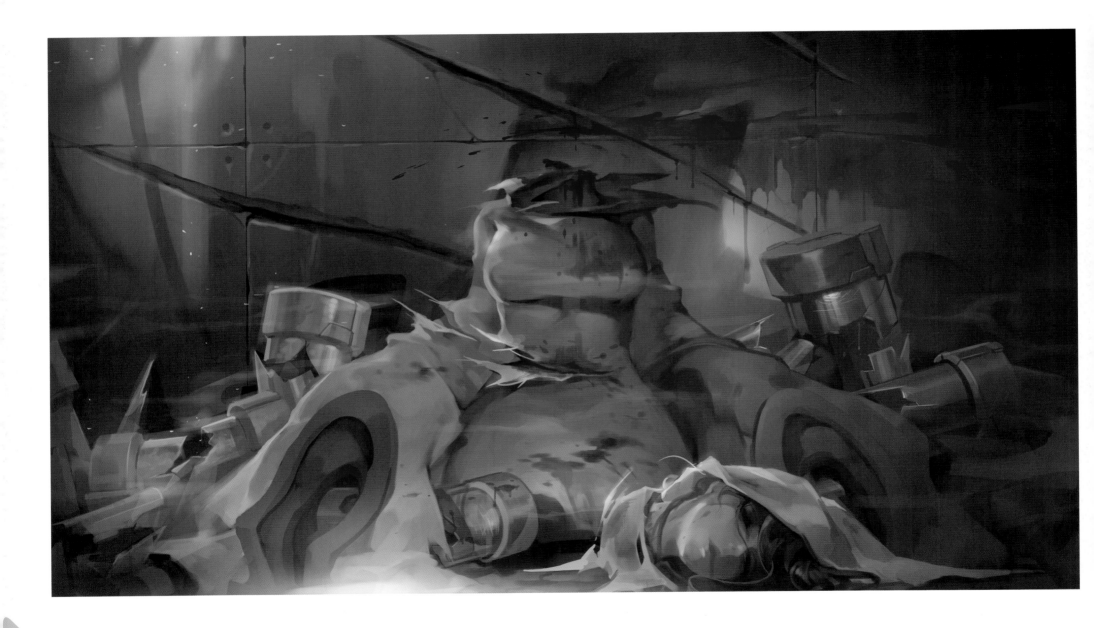

PART

The Enemy
Metal Parasite & Etc

3

나이트 칙 Type-S

교전 기록 없음.

강화형 칙 런처

분석 불가.

나이트 칙

하아… 이 예쁜 애의 이름은 나이트 칙입니당. 예쁘지만 더 예쁜 폴른이를 잡아먹은 무서운 녀석들이에용. 쉬지않고 기관총을 난사하니 주의해 주세용~!

▶ 보고자 그렘린입니당!

나이트 칙 런처

흔히 볼 수 있는 미사일로 무장한 철충. 무조건 앞으로 돌격하는 모습이 브라우니와 비슷하다.

▶ 보고자 레프리콘

나이트 칙 캐논

박격포로 무장한 나이트 칙인데…
별 거 아닌 폭죽이나 쏴대는 벌레야.
아, 약한 애들한텐 무서우려나?

▶ 메이 보고함

개량형 칙 캐논

분석 불가.

나이트 칙 디텍터

그 아이는 별로 위험한 아인 아니거든? 근데 자꾸 우리를 방해하는 공격을 하니까 다른 애들이랑 있으면 주의해야 하거든? 맞으면 다른 철충한테 지원 요청하는 못된 아이니까 혼내줘야 행!
누나 보고 있을께~!

▶ 예쁜 누나 포츈의 보고예용~!

나이트 칙 실더

이 자식 짜증나! 방패를 들고 앞을 자꾸 가로막거든? 다행히 머리가 나빠서 바로 뒤만 가로막지만… 어쨌든 이 녀석들이 방어 자세를 취하기 전에 뒤를 정리해 두라고!

▶ 보고자 그리폰

나이트 칙 실더 개

일반 칙 실더보다 큰 방패 때문에 뒤의 대상들을 공격하기 위해서는 더 용맹한 정신이 필요하다. 나이트 칙 실더와 헷갈리지 않도록 지휘 콘솔을 반드시 확인해야 함.

▶ 보고자 마리

강화형 칙 디텍터

강한 방패 전파를 쏴서 귀찮긴 한데, 냉기에 약한지 기온이 내려가면 이상을 일으켜 오히려 도움이 되는 것 같아.

▶ 엠프리스 보고함

칙 쿼터마스터

철충의 보급 기체네요. 공격 저지 능력이 뛰어나니 주력 공격기를 잘 보호해야 장기전을 방지할 수 있어요.

▶ 보고자 실키

칙 스나이퍼

엄폐와 위장능력이 좋음.
빠르게 한 방으로 처치하는 게 좋을 것 같음.

▶ 보고자 발키리

케미컬 칙

냄새 나고 이상한 액체를 뿌려. 더럽고 음란해. 그 이상한 액을 뒤집어쓴 애들은 한 동안 근처에 못 오게 했어. 특히 스틸 드라코는….

▶ 보고자 미호

케미컬 칙 Type-X

히익…! 다시는 보기 싫을 정도로 징그러웠어요…. 불에는 약한지 불을 붙이니 폭발해서 깜짝 놀랐네요.

▶ 뽀끄루 보고함

썬더 칙

으아~ 촙 메이커로 때리니 갑자기 날뛰어서 큰일 날 뻔했어요! 전기에 반응하는 것 같던데….
아, 참~! 서펀트씨가 물을 뿌린 녀석은 갑자기 자폭해 버리더라구요.

▶ 켈베로스 보고함

아쿠아 칙

물을 운반하는 철충인가 봐. 철충들은 주변으로 물이 새면 안절부절못하니 이걸 이용하면 좋을 것 같아!

▶ 아쿠아 보고함

빅 칙

엄청 큰 나이트 칙이지 말임! 하는 짓은 나이트 칙이랑 똑같은데 갑빠도 두껍고 총도 더 쎄게 쏘지 말임. 움직이기 전에 얼른 죽여야 함다!

▶ 보고자 브라우니지 말임다.

시작형 빅 칙

분석 불가.

풀아머 빅 칙

빅 칙과는 달라! 빅 칙과는! 뭐로 만들었는지는 몰라도 장갑이 차원이 다르니 나 같은 대 장갑 요원이 없으면 꽤나 곤란할 걸?

▶ 불가사리 보고함

빅 칙 런처

엄청나게 피하기 힘든 미사일을 마구 쏴 댐. 멀리서 처리하는 게 제일 좋을 것 같아.

▶ 핀토가 정찰 중 보고

빅 칙 실더

제법 근성이 있는 녀석이야! 아무리 때려도 잘 쓰러지지 않던데 미호는 잘 처리하더라구. 쓸데 없이 계속 치지 말라나 뭐라나… 하지만 한 번 붙으면 물러날 내가 아니지~!

▶ **스틸 드라코 보고함**

칙 엠페러

분석 불가.

스카우트

저 망할 날파리들! 엄청 빨라서 잘 맞지도 않고 뭐만 하려 하면 방해해서 진짜 짜증나는 녀석들이야. 백발백중 미호가 필요해!

▶ **보고자 스틸 드라코**

헤비 스카우트

스카우트와 비슷해요. 탄종은 좀 다른 것 같지만. 뭘 쏘길래 모두 피해냈어요. 별로 정확하지 않은 것 같군요. 주변 철충들과 대열을 갖추려고 하면 주의해 주세요.

▶ **페로 드림**

스펙터

방어막을 걷어내지 않으면 격추하기 힘든 개체야. 유령같은 움직임 때문에 맞추기 힘들 테니 주의해.

▶ **보고자 네오딤**

하베스터

얘는 원래는 나처럼 일하던 애였던 것 같아.
멀리 있는 적을 갈고리로 당겨 오니 주의하는 게
좋아. 나처럼 힘들게 사는 애니 편히 보내주는 게
좋을지도….

▶ 보고자 더치 걸

토터스

장갑이 활성화되었을 땐 유효 피해를 주기 힘들어
요! 장갑을 비활성화시킨 후에 한 번에 해치워야
해요!

▶ 보고자 켈베로스

팔랑스

각이 잡힌 대열로 행군하는 철충입니다. 철충 놈들
중엔 드물게 군기가 들어 있지 말입니다. 딱 밀착
해서 서로서로를 보호하는 녀석들이니 진형을 아
작내는 게 중요하지 말임다.

▶ 보고자 블러디팬서

레기온 스나이퍼

적의 빈틈을 노리는 용의주도한 개체입니다. 대물
저격총을 가지고 있으니 중장갑 전투원을 운용할
때는 주의해 주세요.

▶ 보고자 팬텀

센츄리온

작은 부대의 지휘관 역할을 하는 철충으로 보입니
다. 주변 철충에게 일제 공격을 지시하는 정황이
포착되었군요. 부하들이 파괴되면 경계를 하는 것
같아요. 먼저 처리하는 게 좋을 것으로 보입니다.

▶ 보고자 37식 다이카

저거너트

성격이 나빠 보이는 철충인 거예요. 공격을 시작하면 끝까지 공격하거든요. 그래서 공중 부대로 유인을 하는 게 좋을 것 같아요. 그 덩치로 다른 철충들을 보호하지 못하게요.

▶ 보고자 블랙 하운드

강화형 저거너트

분석 불가.

레기온

공중의 적만 집요하게 노리니 공중 부대 운용 시 주의해! 구리게 보이는 점착제를 떼느라 이틀이나 고생했어. 그거 묻으면 진짜 아싸처럼 보이니 주의하라고!

▶ 보고자 실피드

테스투토

트레비앙~한 방어 능력을 가진 적이에요. 보통은 중화기로 제압해야 하지만 제 정교한 검술로도 해결할 수 있으니 맡겨 주세요!

▶ 보고자 샬럿

센츄리온 치프틴

센츄리온에서 지휘 능력이 더 강화된 기종입니다. 포착당한 후에는 공격을 피하기 힘드니 주의하셔야 합니다. 본 기종에게도 안테나 도입을 검토하면 감사하겠습니다.

▶ 보고자 램파트

센츄리온 제너럴

지휘관 역할을 하는 철충인가 보네…. 저렇게 무리하게 부하를 다루면 안 좋을 것 같은데…. 역시 적당히 하는 게 최고야….

▶ 보고자 이프리트

와습

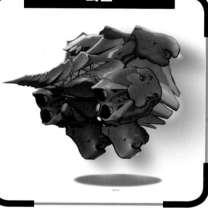

누가 이 자식한테 이 뿔침을 달아 준 거야?
물론 나처럼 빠르진 않지만 나보다 느린 애들은 전부 조심하도록 해. 제법 빠른 속도로 돌격을 하니 말이야.

▶ 보고자 슬레이프니르

칠러

물… 절대 뿌리지 말 것….

▶ 서펀트 보고함

재퍼

호전성이 낮은 개체예요. 건드리지만 않으면 공격하지 않으니 주의해 주세요. 고압 전류 공격을 하니깐요. 설마 제가 대신 맞아서 찌릿찌릿에 눈 뜨는 걸 바라는 건 아니겠죠?

▶ 보고자 블랙 리리스

스캐럽

이상한 구조인데 잘도 나는 거 있지? 나 저거 꼭 분해하고 싶으니까 잡으면 나한테 보내 줘야 해! 겁쟁이라 무서우면 방어를 하니까 빨리 해치우는 게 좋아.

▶ 보고자 닥터

매머드

한 방이 엄청나게 무서운데다 장갑도 두꺼워서 장갑 사이에 치명타를 먹이거나 아니면 관통할 수 있는 무기가 좋아 보이네. 뭐, 못 피하면 죽으니까 조심하라고.

▶ 보고자 샌드걸

프레데터

교전 기록 없음.

스토커

철충 연결체입니다. 힘을 모아서 엄청난 한 방을 노리는 비열한 타입의 적입니다. 하지만 힘을 모으고 있는 시간은 짧으니 최대한 공격을 늦춰서 제 포를 이용해 처리하는 게 가장 좋아 보이는군요.

▶ 보고자 비스트 헌터

레이더

광폭화 레이더

고속 교란용 연결체. 지휘 능력이 제법 뛰어나 대량의 철충 부대와 함께 다니기 때문에 주의하는 게 좋아. 보기보다 겁쟁이라 위협을 느끼면 닥치는 대로 전격탄을 난사하니 대비하는 작전을 세우면 그럭저럭 상대할 만할 거야.

▶ 보고자 철혈의 레오나

트릭스터

요원 암살용 철충 연결체. 빠르고 민첩하다.
나와 우리 부대처럼 기동전이 가능한 부대가 맡는 게
좋을 것 같군. 포획이든 파괴든 쉽지 않다.

▶ 보고자 신속의 칸

롱 블레이드

실드 블레이드

익스큐서너

교전 기록 없음.

폴른 커스텀

조준은 엉망이지만 화력은 강력하니 주의해 주세요. 제풀에 지쳐 가동을 멈추니 잘 피하기만 해도 될 거예요.

▶ **블랙 하운드 보고함**

드론 커스텀

지상군 대응용으로 개조된 드론인 거 같네요. 대공 능력은 없는 것 같아요. 그나저나 폭탄 배송이라니… 캐치프레이즈로 적합한 것 같기도….

▶ **익스프레스 76 보고함**

램파트 커스텀

불리해지면 동료에게 지원 요청을 하는 약삭빠른 녀석이야. 방어하기 시작하면 반격하니 주의해.

▶ **칼리스타 보고함**

펍 헤드 커스텀

이 녀석과 같이 다니는 적들은 신속하게 움직이는 것 같군. 신속히 처리하는 것이 좋겠어.

▶ **칸 보고함**

기간테스 커스텀

거점 방어에 특화된 모델인 건가? 행동은 굼떠 보이지만 좀처럼 빈틈이 안 보여. 하지만 내 소우피쉬라면 해결할 수 있을 걸?

▶ **트리아이나 보고함**

경비용 AMG-11

대공용 AMG-11

오~ 이 녀석들 왠지 마음에 드는데?
몇 대 가져가서 네리의 부하로 쓰면 되겠어!
네리 대신 일하게 해야지!

▶ 네레이드 보고함

셀주크 커스텀

화력은 일반형 셀주크보다 떨어지지만 장갑은 더
향상된 것 같아요. 공격을 계속 허용하면 이쪽 움
직임에 적응하니 방어 능력이 좋은 소대로 제압하
는 게 좋을 것 같네요.

▶ 세이렌 보고함

스팅어 커스텀

극지용 스팅어? 묘한 친근감이 느껴지네요. 적이
보호하기 전에 빠르게 처치하는 게 좋을 거예요.
견딜 만하다고 방심하다간 큰일 날 수 있어요.

▶ 님프 보고함

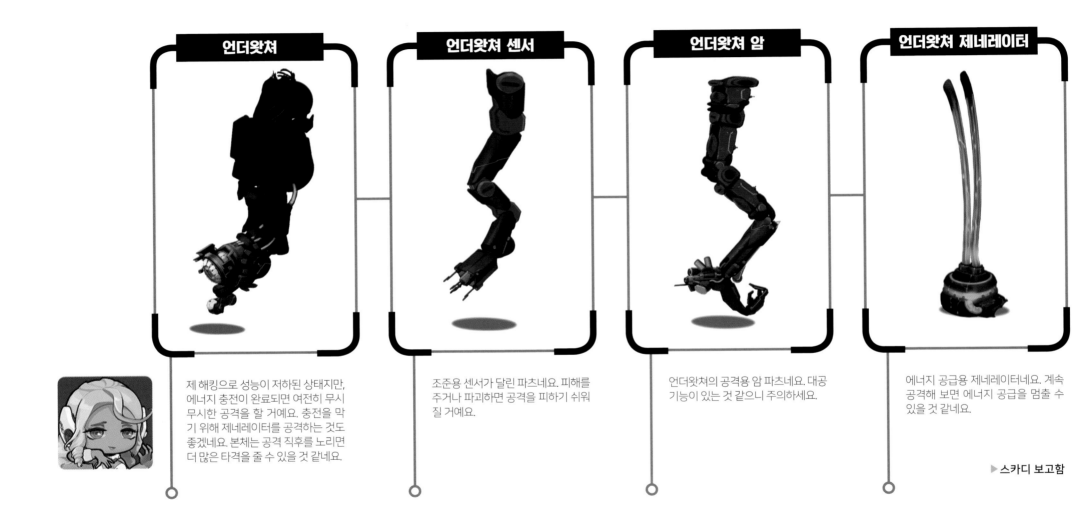

언더왓쳐

제 해킹으로 성능이 저하된 상태지만, 에너지 충전이 완료되면 여전히 무시 무시한 공격을 할 거예요. 충전을 막기 위해 제네레이터를 공격하는 것도 좋겠네요. 본체는 공격 직후를 노리면 더 많은 타격을 줄 수 있을 것 같네요.

언더왓쳐 센서

조준용 센서가 달린 파츠네요. 피해를 주거나 파괴하면 공격을 피하기 쉬워 질 거예요.

언더왓쳐 암

언더왓쳐의 공격용 암 파츠네요. 대공 기능이 있는 것 같으니 주의하세요.

언더왓쳐 제네레이터

에너지 공급용 제네레이터네요. 계속 공격해 보면 에너지 공급을 멈출 수 있을 것 같네요.

▶ 스카디 보고함

보병

호위기

저격병

장갑병

폭격기

정찰기

중장갑병

포병

돌격병

PART

Back
Ground Art
& Etc

4

LOBBY BACKGROUND

오르카 함교

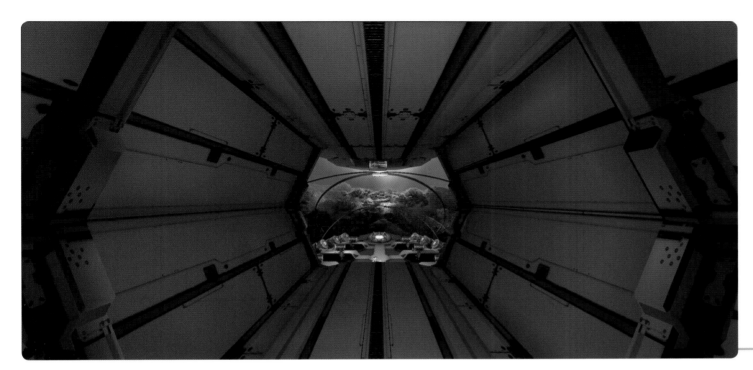

오르카 함교 진입로

시작의 폐허

으슥한 숲길

추억의 해변가

추억의 해변가(밤)

멸망 후의 설원

아늑한 함장실

둘만의 캠핑장

MAIN STAGE BACKGROUND

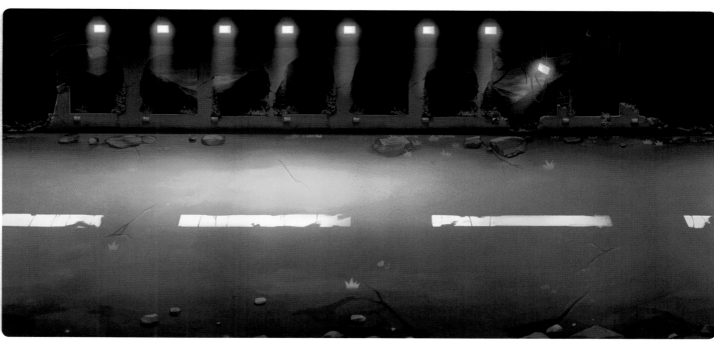

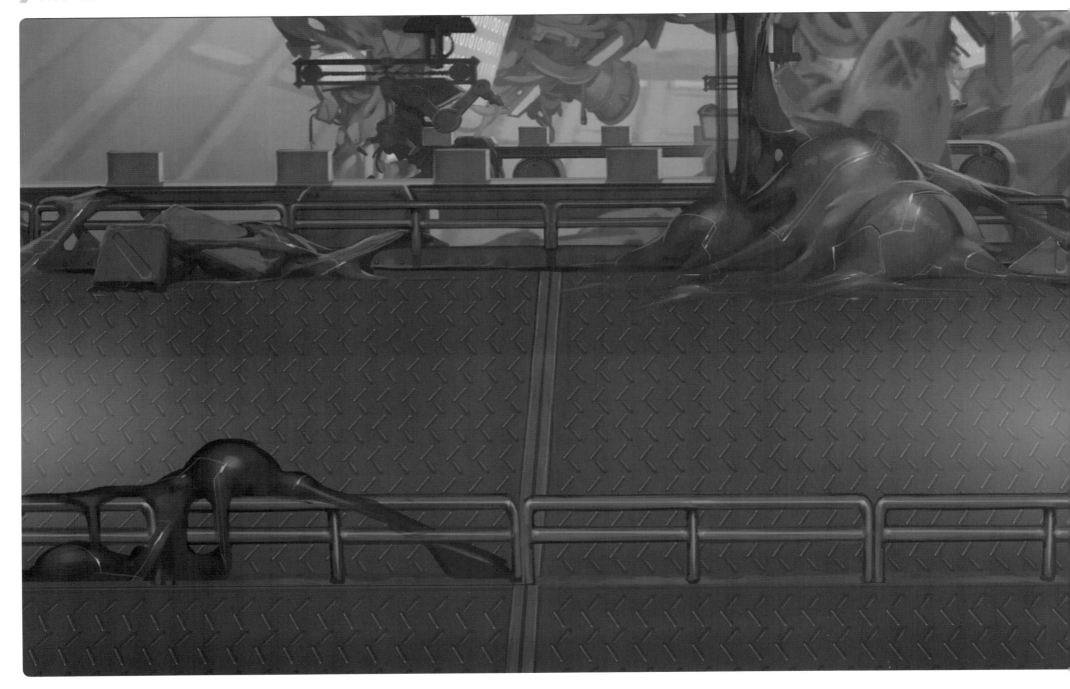

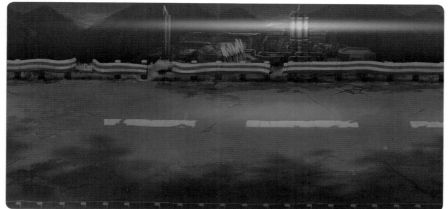

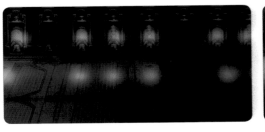

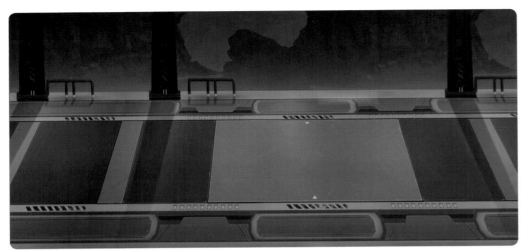

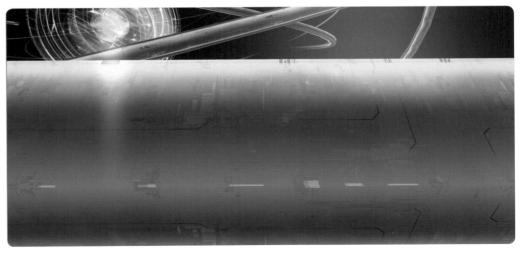

장비 - 칩

연산 강화 회로
RE MP SP EX

출력 강화 회로
RE MP SP EX

출력 안정 회로
RE MP SP EX

분석 회로
RE MP SP EX

백신 처리
RE MP SP EX

내 충격 회로
RE MP SP EX

반응 강화 회로
RE MP SP EX

회로 내구 강화
RE MP SP EX

전투 기록 회로
RE MP SP EX

경량화 회로
RE MP SP EX

출력 증폭 회로
RE MP SP EX

회로 최적화
RE MP SP EX

보조 장비

망원 조준 장치

RE MP SP EX

초정밀 조준기

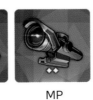

RE MP SP EX

전투 자극제

RE MP SP EX

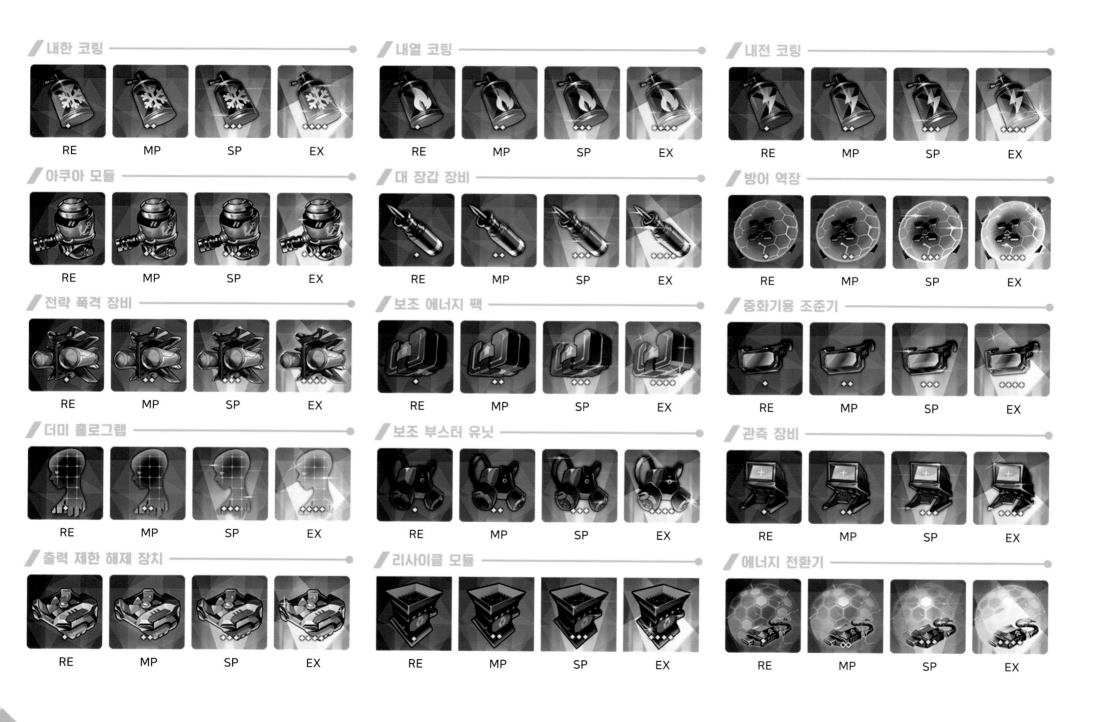

내한 코팅
RE MP SP EX

내열 코팅
RE MP SP EX

내전 코팅
RE MP SP EX

아쿠아 모듈
RE MP SP EX

대 장갑 장비
RE MP SP EX

방어 역장
RE MP SP EX

전략 폭격 장비
RE MP SP EX

보조 에너지 팩
RE MP SP EX

중화기용 조준기
RE MP SP EX

더미 홀로그램
RE MP SP EX

보조 부스터 유닛
RE MP SP EX

관측 장비
RE MP SP EX

출력 제한 해제 장치
RE MP SP EX

리사이클 모듈
RE MP SP EX

에너지 전환기
RE MP SP EX

공간 장갑

 RE
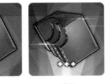 MP
 SP
 EX

소형 정찰 드론

 RE
 MP
 SP
EX

 선 크림

운명의 수정구

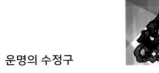 뽀끄루 대마왕의 뿔

 냉각 팩

 소완제 수제 도시락

 달의 마력이 담긴 송편

개량형 관측 장비

전용 장비

 ATFLIR 강화 회로
(P-18 실피드 전용)

 40mm DU탄
(AG-1 네레이드 전용)

 확장 AMRAAM 포드
(P/A-00 그리폰 전용)

 ASN-6G
(P-3M 운디네 전용)

 우주용 확장 부스터
(CM67 스팅어 전용)

 용살자의 징표
(LRL 전용)

 MG80용 개조 키트
(T-10 님프 전용)

 SK-14 P.C.C
(T-14 미호 전용)

 초합금 플레이트 아머
(프레스터 요안나 전용)

 특수 코팅 라이플탄
(콘스탄챠 S1 전용)

 주시자의 눈 D형 OS
(불굴의 마리 전용)

 수상한 보조제
(스카디 전용)

 테러 진압용 외장 아머
(T-60 불가사리 전용)

 40mm DU탄
(AG-1 네레이드 전용)

일반 모듈

 고급 모듈

 특수 모듈

 전투 모듈 초기화 장비

 링크 해제기

 급속 완성 회로

 AI 코어

 전투 장비 코어

 전투 일지

 전투 기록

 수복 나노 머신

 유전자 씨앗

 수상한 연산 회로

 훈련 교본

 멸망 전의 전쟁 기록

 초콜릿

 합성 롤리팝

 수제 케이크

 실전 교본

 멸망 전의 전술 교본

 오리진 더스트

 고급 오리진 더스트

 특수 오리진 더스트

 부품

 영양

 합금 장갑판

 부스터 파츠

 무장 파츠

 중무장 파츠

 전력

 초합금 장갑판

 고출력 부스터

 양산형 파츠

 시작형 파츠

 참치캔

연산 제어 파츠

 고밀도 연산 제어 파츠

이벤트 전용 소모품

 곡물

 야채

 육류

 조미료

 소완의 걸작 요리

 구 시대의 동화

 구 시대의 은화

 구 시대의 금화

 보물 상자

 구 시대의 지도

 구 시대의 유물

 해산물

 열대 과일

 오르카 훈장

 모모 스티커

 뽀끄루 스티커

 백토 스티커

 박쥐 장식

 양초 장식

 할로윈 캔디

 랜턴 장식

기타

 알비스의 편지

 에밀리의 편지

 레오나의 편지

 미호의 편지

 미호의 편지 2

ICON

연구 - 시설 연구

 시뮬레이팅 시스템

 지휘 대행 시스템

 운송 드론

 정밀 분해 시설

 자원 재활용

 수복실 개량

 로봇 제작 설비

 중장비 제작 설비

 탐사 구역 분석실

 함내 기반 시설

연구 - 로봇 설계

 강화 로봇 프레임

 고성능 시뮬레이터

 공중 제어 장치

 AGS 지휘 시스템

 부스터 시스템

 커뮤니케이션 모듈

 에너지 응축기

 에너지 컨버터

 대상 분석 시스템

 중화기 제어 시스템

 고탄력 로봇 프레임

 중장갑 프레임

 화기 집중 제어 시스템

 고출력 부스터

 대형 로봇 프레임

 대용량 제네레이터

 다중 부스터 제어 장치

 입자 가속 장치

 대상 보호 모듈

 로보틱스 프레임

충격 완화 장치

 개량형 전술 제어 시스템

THE ART OF LAST ORIGIN   VOL.2
라스트오리진 아트북

2020 년 4 월 15 일 초판 1 쇄 발행
2021 년 12 월 5 일 초판 4 쇄 발행

펴 낸 이 ┃ 원종우
편 집 · 교 정 ┃ 오세찬
디 자 인 ┃ 백진화
마 케 팅 ┃ 정다움 , 이수빈

아 트 디 렉 터 ┃ 메카셔군
아 트 워 크 ┃ Kakiman
　　　　　　　 One
　　　　　　　 PaintAle
　　　　　　　 Rorobomb
　　　　　　　 SIMA
　　　　　　　 SNOWBALL
　　　　　　　 Sol
　　　　　　　 Zizim

제 작 협 력 ┃ 공재규

발   행 ┃ ㈜이미지프레임
　　　　　　 주소 [13814] 경기도 과천시 뒷골로 26, 2 층
　　　　　　 전화 02-3667-2654 팩스 02-3667-3655
　　　　　　 메일 edit01@imageframe.kr

책   값 ┃ 35,000 원
I S B N ┃ 979-11-90609-43-2 04690 (Vol.2)   979-11-90609-44-9 (세트)